有故事的班主任更幸福

一位小学班主任15年的教育生活手记

叶立华 / 著

宁波出版社

图书在版编目（CIP）数据

有故事的班主任更幸福：一位小学班主任15年的教育生活手记/叶立华著.—宁波：宁波出版社，2015.4（2021.2）
ISBN 978-7-5526-2062-7

Ⅰ.①有… Ⅱ.①叶… Ⅲ.①小学—班主任工作 Ⅳ.① G625.1

中国版本图书馆CIP数据核字（2015）第064284号

有故事的班主任更幸福
—— 一位小学班主任15年的教育生活手记

作　　者	叶立华
责任编辑	黄　彬
封面设计	金字斋
出版发行	宁波出版社（宁波市甬江大道1号宁波书城8号楼6楼　315040）
印　　刷	浙江开源印务有限公司
开　　本	880毫米×1230毫米　1/32
印　　张	8.625
字　　数	210千
版　　次	2015年4月第1版
印　　次	2021年2月第2次印刷
标准书号	ISBN 978-7-5526-2062-7
定　　价	35.80元

如发现缺页或倒装，影响阅读，请与本社发行部联系调换。电话：0574-87286804

序:故事,让教育生活更精彩

"林校长好!你们学校叶立华老师的发言太震撼啦!有那么多的教育故事,讲得又那么好,能否邀请他去我们学校给全体老师讲一讲啊?"这是宁波市名师、余姚实验小学校长柴利波给我发的一则短信内容。当时柴校长正在金华出席浙江省实验学校研究会的年会,会上表彰了第二届浙江省"十佳智慧班主任",叶立华老师作为获奖代表作了十分钟的典型发言,题目是"做一个幸福的麦田守望者——一位小学班主任的教育行与思",其主旨是"有故事的班主任更幸福"。显然,叶老师的发言产生了广泛影响,不仅让我收到了十几所学校的邀请信,而且研究会领导还决定把2015年的全省学校德育工作研讨会安排到我们学校来,目的就是能让叶老师讲个够,让全省更多的班主任来分享他的教育故事。

说起教育故事,原来留给我印象最深的有这么两则:

一则是英国著名解剖学家麦克劳德的故事。麦克劳德小时候是一个令人头痛的"坏"孩子。有一天,他和伙伴们玩耍,把校长心爱的小狗抱来了。看着这灵巧的小狗,他有了一个离奇的想法:杀了这只狗,看一看它的内脏是什么样子。于是,几个天不怕地不怕的孩子一起把狗杀了。

  校长得知后很生气,把麦克劳德叫来,问道:"你为什么要杀那可爱的小狗?""我想看看它的内脏是什么样子。"麦克劳德小心地说着。看着麦克劳德低下的头,校长想:难道这孩子真是想看看狗的内脏是什么样子?还是在骗我?随后他说:"那你一定用心看了?好,你就画一幅狗的骨骼图和血液循环图给我吧。"

  麦克劳德知道这下闯了祸,怎么办哪?他只好找来了许多画狗和介绍狗的书,认真研究起来,狗的心脏在哪里?它的胃又是怎样的,它有几组肋骨?……看着看着,他产生了兴趣,真的画好两张图交给校长。校长见他认错态度好,图形画得认真,便免去了对他的处分,杀狗的事就这样过去了。

  麦克劳德在画图的过程中通过对狗的骨骼、内脏的仔细观察,对解剖学产生了极大的兴趣,同时深深地体会到自己知识的缺乏,从此发奋学习。后来他成了著名的解剖学家并获得了诺贝尔奖。

  另一则是我国伟大的教育家陶行知曾经说过的故事。一位孩子的母亲告诉他,儿子把她刚买来的金表当作玩具摆弄,玩着玩着将其拆坏了,她一怒之下,狠狠地把孩子打了一顿。陶行知用幽默的语言说:"恐怕一个中国的爱迪生被你枪毙了。孩子的这种行为是有出息的,然而遗憾的是多少父母对孩子的"教育"残杀了孩子的创造力。你可以和孩子一起将金表送到钟表店,请求修表匠的同

序：故事，让教育生活更精彩

意，让你和孩子站在一旁看他如何修表，这样钟表店就成了课堂，修理费就成了学费……"

两则故事都非常动听，我也被其中所运用的奇特的教育方式折服，因此，留下了深刻的记忆。我原以为这样的教育故事只有教育大家或事后成功的学生才可以讲述，但当看了叶立华老师送来的一叠书稿后，我对教育故事有了新的认识。真觉得学校无小事，事事关教育，我们的身边随时随处都可以发生教育故事，而且故事能让教师的教育生活更精彩！在通读书稿的过程中，我也对班主任工作、教育艺术和教师专业成长等方面都有了新的感悟。

（一）一名优秀的班主任，会让班级诞生好故事

如《聆听花开的声音》，叶老师为了帮助家庭出了状况的孙同学走出阴影，树立信心，说服班级其他同学，让他参加大队委选举，没料到的是——他落选了。不过，一年之后，叶老师没有忘记曾经落选的他，再次举荐并说服同学们将机会又一次给了孙同学，而他终于在学校少代会换届选举中成功当选。此刻，除了两年的努力化作他激动的泪水外，孙同学也有了一个崭新的起点。像这样美好的故事，在叶老师的班级里时常会发生，在本书中总能轻易找到。

美好的故事，对于学生来说如春风化雨，滋润心灵。那么，叶老师的班级为什么会诞生那么多的好故事呢？著名的"泡菜理论"告诉我们：泡出来的白菜、萝卜的味道，取决于泡菜汁的味道。心理学家也早就告诉过我们："如果一个孩子生活在批评之中，他就学会了谴责；如果一个孩子生活在敌意之中，他就学会了争斗；如果一个孩子生活在恐惧之中，他就学会了忧虑；如果一个孩子生活在

鼓励之中,他就学会了自信;如果一个孩子生活在表扬之中,他就学会了感激;如果一个孩子生活在认可之中,他就学会了自爱……"由此,该问题的答案逐渐清晰,我认为主要有两点:

一是良好的师生关系、和谐轻松的氛围。良好的师生关系与轻松的氛围既能让学生感到心理安全与心灵自由,同时又是重要的教育资源,具有陶冶人、启示人、激励人、塑造人的巨大作用。

二是教师能用教育学的眼光看孩子。马克斯·范梅南说过:"教师是孩子的看护者。但教师一定不能像路人,或警察、朋友那样观察一个孩子。"叶老师对孩子的发展既积极介入又有所保留,既走近孩子又保持一定距离,还能从教育学的角度来观察孩子,保护和照看孩子成长的方方面面。

由此看来,一名优秀的班主任会酿出班级的一种好味道,这种好味道又能让班级诞生出更多的好故事。

(二)一名优秀的班主任,会让好故事成为营养剂

叶老师就是一位善用好故事来滋养自己和学生成长的智者。从书稿中我们可以发现至少有这样两类故事存在。

一类是发生在叶老师身上的好故事,点滴教育震撼学生的心灵。魏书生老师曾经说过:"我们教育子女、教育学生若还停留在忠言逆耳的观念上,那就落伍了,就不受欢迎了。"比如,书中的那篇《恶作剧男孩儿(2):惩罚也需要设计》就是这方面典型的故事。面对"大头儿子"隔三差五在班级上演的恶作剧,同学们接踵而至的告状,作为班主任的叶老师自然难以"消遣"。怎么办?叶老师从"爱"出发,寻找奇特的教育方式,颇具艺术地"导演"了一幕故事,

不仅使犯错学生,也让全班同学受到了一次可贵的精神洗涤。

另一类是叶老师让学生自己讲自己的故事,自己教育自己。苏霍姆林斯基说过:"真正的教育是学生的自我教育。"《我好想就这样淡淡地死去》是一位学生在半命题作文考试"我好想……"中写的文章。叶老师凭借他的敏感与细腻,成功地消解了一个完美主义者的焦虑情绪,最终,书稿中就有了《一篇习作,一个心灵》这样的故事。一个少年儿童,只有当他不仅努力认识周围的事物和现象,而且努力认识自己的内心世界的时候;只有当他的精神力量用来使自己变得更好、更完善的时候,他才能成为一个真正的人。所以说,教育永远是成长者自己的事。

探寻叶老师将好故事调成营养剂的秘诀,大概不外乎两方面的原因。

一方面,叶老师努力让自己成为"人师"。古人云:"经师易得,人师难求。"班主任不仅是"学高为师"的"经师",也是"身正为范"的"人师"。乌申斯基曾经说过:"教师个人的范例,对于学生的心灵,是任何东西都不可能替代的最有用的阳光。"叶老师用自己的学识、阅历、经验点燃学生对真善美的向往,用自己的"爱与责任"浸润学生的心田、转化为学生的日常行为。

另一方面,叶老师的班主任工作做得很"灵光",让班级的故事既"好吃",又有"营养"。第斯多惠说过:"教学的艺术不在于传授的本领,而在善于激励、唤醒和鼓舞。"陶行知也说过:"你的教鞭下有瓦特,你的冷眼里有牛顿,你的讥笑中有爱迪生。"叶老师时刻牢记这些教育大家的真知灼见,努力将自己的班主任工作接近教育的本质,不懈追求教育艺术的崇高境界。

(三)一名优秀的班主任,会让教育故事更动听、更好看

既然"故事与教育相随,故事与成长相伴",那么,怎么让教育故事更动听、更好看呢?李镇西老师经常会说这样一段话:"对教育的爱大家都是一样的,对教育的执着大家也是一样的,如果我有什么不一样的地方,仅仅是对这份爱与执着多了一点思考并用笔将其记录下来了。仅此而已!"的确,在同样有着丰富教育实践经验的前提下,也许恰恰是思考与写作使李镇西老师成了讲教育故事的高手,拥有了众多老师所羡慕的成功。叶老师也是在不断地思考中,更好地理解教育,理解儿童,让他的教育故事更可爱、更可亲、更有效;在持之以恒的写作中,不断积累,不断提炼,让他的教育故事更动听、更好看、更有价值。叶老师在本书中所辑录的故事,以及许许多多还未被辑录的故事,已为其留下了坚实的脚印,也必将为他的教育事业插上飞翔的翅膀。

在叶老师身上所发生的故事,也让我更加懂得:教师这份职业是一项育人的工作,需要不断地去发现教育生活的意义。《自动自发》的作者阿尔伯特·哈伯德说:"如果你只为薪水而工作,你的生活将因此而陷入平庸之中,你找不到人生中真正的成就感。工作的目的虽然是为了获得报酬,但工作能给你带来的远比工资卡上的工资要多得多。"我想叶老师的教育生活虽然平凡与艰辛,但他的内心一定感受到了教育的真谛,享受到了教育的幸福。享受教育,就是享受桃李满天下的自豪;享受教育,就是满足自己有一亩三分田的实践园;享受教育,就是感受着孩子拔节成长的快乐。

序:故事,让教育生活更精彩

叶老师自己认为"有故事的班主任更幸福",我想再补上三句话:常有故事的班主任有内涵,善用故事的班主任有智慧,会讲故事的班主任有魅力!

乙未年春节于名仕嘉景苑

(序作者系浙江省特级教师,教育部"国培计划"专家,北京师范大学教育家书院兼职研究员)

自 序

蓦然回首,在已经走过的教育历程中,近十五年的班主任生活无疑是最珍贵、最深刻的足迹。这段经历丰富了我的教育生活,也让我在教育的领地里多了一个可以自由驰骋的空间。我可以在这块"自留地"里默默种植我自己喜欢的东西,比如情谊、规则、自主、健康、梦想……然后,我和学生们一起浇灌,守望它们成长,静待开花结果的时节。

我很享受这段班主任生活经历。其间,或许充满艰辛和挑战,充满疑惑和误解,当然也同样充满着甜美和芬芳。因为它让我聆听到一个个小生命拔节的声响,让我触摸到教育的真实温度,让我唤醒内心对教育本源的思索,在思索中也让思想的羽翼日渐丰满。

一路前行,我走在生命两旁,随时撒种,随时开花,希望将这一径长途,点缀得花香弥漫。我不在乎路有多远,只在乎路上那别样而充满灵性的景致。偶尔停下坐在路边为成长中的精灵鼓劲、鼓掌,偶尔采撷花枝一束,哪怕只是即将绽放的苞蕾,那都是令我和学生们值得回味、充满故事的旅程。的确,教育不正是一段师生共同追求完满的旅程吗?

说起故事,想起李镇西说过的一句话:"看一个学校,不是看他有没有陶行知的雕塑,而是看这所校园里有没有可以流传下去的故事。"窦桂梅老师也说:"学校是一个珍品收藏的博物馆,一个美好事物的集散地,一个传奇故事发生的地方……"说得真好!相同的,我认为:"看一个班主任,不是看他教给了学生多少知识,不是看他的管理手段有多绝妙,而是看有没有留下可以让师生都值得回忆的故事。"

也正因此初衷,我在工作中有意识地关注我与孩子们之间发生的点点滴滴,也利用业余时间大量阅读叙事性作品,也包括叙事方面的理论研究。继而,我也开始了教育故事的写作,并将其融入我的教育生活、班级管理当中,同时,我也想用这样的方式诠释我对教育的理解。我始终觉得作为一名班主任,不仅要会用别人的故事来教化学生,更要会讲自己与学生的故事去影响学生。这些故事不需要有多华丽的外衣,不需要有多浓烈的香醇,只要自己倾注了满腔爱意与热忱、智慧与坚持,平凡辞藻背后同样会溢出悠长弥久的芳香,慢慢品之,才能体会出幸福的味道。

记得看2012年诺贝尔文学奖得主莫言在瑞典颁奖典礼上的演讲时,感动之余给我最大的感受是:莫言是一个会讲故事的人,是一个有故事的人,更是一个幸福的人。在他的人生故事中,提到最多的人便是他的母亲。他也坦言,自己的成就离不开自己的母亲,

有故事的班主任更幸福

离不开母亲与自己的那些简单得不能再简单的故事。有几个片段我印象特别深,想和读者一道分享:

> 记忆中最早的一件事,是提着家里唯一的一把热水壶去公共食堂打开水。因为饥饿无力,失手将热水瓶打碎,我吓得要命,钻进草垛,一天没敢出来。傍晚的时候我听到母亲呼唤我的乳名,我从草垛里钻出来,以为会受到打骂,但母亲没有打我也没有骂我,只是抚摸着我的头,口中发出长长的叹息。(我读到的是母亲的那份宽容)

> ……

> 我记得最深刻的一件事是一个中秋节的中午,我们家难得包了一顿饺子,每人只有一碗。正当我们吃饺子时,一个乞讨的老人来到了我们家门口,我端起半碗红薯干打发他,他却愤愤不平地说:"我是一个老人,你们吃饺子,却让我吃红薯干。你们的心是怎么长的?"我气急败坏地说:"我们一年也吃不了几次饺子,一人一小碗,连半饱都吃不了!给你红薯干就不错了,你要就要,不要就滚!"母亲训斥了我,然后端起她那半碗饺子,倒进了老人碗里。(我读到的是母亲的那份善良)

> ……

> 我最后悔的一件事,就是跟着母亲去卖白菜,有意无意地多算了一位买白菜的老人一毛钱。算完钱我就去了学校。当我放学回家时,看到很少流泪的母亲泪流满面。母亲并没

自 序

有骂我,只是轻轻地说:"儿子,你让娘丢了脸。"(我读到的是母亲的那份正直)

这样的故事朴素至极,但深深影响着莫言的成长,浸润着他的生命,滋养着他的灵魂。难怪他在演讲伊始便说:"有一个我此刻最想念的人,我的母亲。我获奖后,很多人分享了我的光荣,但我的母亲却无法分享了。"这句话的背后除了对母亲的怀念,自然还有一份淡淡的幸福,而这份幸福滋味正是由一个个纯真的故事调制而成,自然让人难以忘怀。

我时常在想:我们教师在与孩子们的生命相遇的过程中究竟能留给他们什么?多年以后,孩子记忆中的感动瞬间里是否会有我们?他们是否还记得那曾经发生在校园里的故事?多年以后,我们回首自己的教育生涯,是否也能感受到这一平凡职业的丝丝幸福呢?因而,我认为成长应与故事相伴,故事应与教育相随,做一个有故事的班主任是幸福的。

这本书中所叙述的故事,平平常常,每天就在自己身边发生着,有时候过去也就过去了,但不少故事在我看来却需要用心观察,用心感悟,用心记录。俗话说:"用嘴说出的话随风而散,用笔写出的话永不磨灭。"我坚持用手中的笔,记录下每天和学生走过的痕迹,抒写那一段段朴素而温暖的故事。

经常有老师问我:"你的那些故事从何而来?平时还有时间来写吗?"我告诉他们:

(一)故事藏在等待里

教育有时候更需要等待,需要"袖手无言情更长"的含蓄和智慧,需要我们用更多的耐心去陪伴学生的成长。学生有一种期待,期待你的关注、关爱、接纳与鼓励,而非忽视、漠视、拒绝与批评。我经常告诫自己:别在冬天去砍一棵树,应有一双慧眼去发现学生的闪光点,并加以引导,促使他们将颓萎之花渐渐开放。等待本身就是一种胸怀和智慧,如本书中的《一次教育"冒险"》《恶作剧男孩儿(2):惩罚也需要设计》《聆听花开的声音》……

(二)故事藏在细节处

作为班主任,要会敏锐地发现并挖掘每一笔教育资源,要学会把每一次突发事件都当作一次教育契机,要把每一个学生当作一个课题来研究。爱就体现在细节中,体现在日常生活小事中,体现在我们平时的一言一行、一举一动中。因为教育不单单是管理,更是一种无声的示范和感染,如本书中的《纸篓里的那只小纸船》《"孩子,你不是垃圾!"》《特殊女生的日记》……

(三)故事藏在反思中

教育需要智慧,而智慧从反思中来。我们应该感谢每一个孩子,哪怕是差生,是他们的存在让自己有了存在的价值,是他们的存在才让自己有了思考和研究的空间,如本书中的《请与孩子一同站在阳光下》《老师认错又何妨》《在选择中学会选择》……

就因为这份等待,关注细节,坚持写作,勤于反思,我才有了一点点属于自己的教育记忆和思考。虽然只有一点点,但很庆幸我做了这件事儿,这些年就这么坚持做了。本书的绝大多数文字都写于

自 序

夜深人静之时，或繁忙的工作间隙。故事谈不上深刻，更没有耀眼的光芒。它虽然稚拙，但那是从心底流出的一份小小的执着，很贴近一个一线教育工作者的内心，在我眼里都是教育生活中最宝贵的财富。

最后，我还是想起莫言在演讲结尾时说的那句话："我是一个讲故事的人。因为讲故事我获得了诺贝尔文学奖。我获奖后发生了很多精彩的故事，这些故事，让我坚信真理和正义是存在的。今后的岁月里，我将继续讲我的故事。"

我想：我要努力成为一个讲教育故事的人。因为故事，让我更加充满智慧与理性；因为故事，让我更加理解爱的真谛；因为故事，让我更加明白教育是什么；因为故事，让我更能体悟到当班主任的幸福。

教育生活还将延续，我也会继续讲述我和学生的故事，因为有故事的班主任更幸福。

叶立华
2015年1月15日于宁波

目 录

序:故事,让教育生活更精彩 / 001
自序 / 008

 聆听花开的声音

> 两年的努力化作他激动的泪水。那一刻我真为他高兴,心里的一块石头落地了。我知道,这对于他来说是一个崭新的起点,也让我深深地懂得:在教育学生的过程中要善于等待和激励,才能聆听花开时最美妙的声音。

纸篓里的那只小纸船 / 002
恶作剧男孩儿(1):我该如何是好? / 006
恶作剧男孩儿(2):惩罚也需要设计 / 011

特别的爱给特别的你 / 018

聆听花开的声音 / 032

特殊女生的日记 / 037

关注班级弱势女孩儿 / 042

学生也要面子 / 048

人生也需要落选 / 052

"老师,我有点孤单!" / 055

给孩子多留点玩的时间 / 059

学生"告状"也是一种教育资源 / 064

 辑二 请与孩子一同站在阳光下

    玩笑之余,我们是不是也该思考这样一个问题:在教育中,师生真正平等吗?孩子的眼睛绝对是雪亮的,他们能明辨是非,只不过年纪小不敢言表而已。他们的心里难道就不会想:"老师为什么就站在树下乘凉,还聊天?有什么资格对我们指手画脚的。"

在选择中学会选择 / 070

善待学生的提问 / 074

林校长的电话 / 078

请与孩子一同站在阳光下 / 083

雷锋精神也需"接地气" / 087

学生闹矛盾,家长慎"插手" / 092

目 录

爸爸去哪儿了？/ 097
三思而后行 / 101
温暖的邂逅 / 104
学生眼中的好老师 / 108
和学生一同感受艺术之美 / 115
还有比学习更重要的事可做 / 120

辑三 解铃还须系铃人

看着这份简短的竞选演说稿，我很感动，也很庆幸自己为他创造了一个机会。解铃还须系铃人，我想只有唤醒他内心深处那份热情，一切将会变得轻松美好，教育的效果才会最大化，因为教育的最高境界就是学生的自我教育。

"孩子，你不是垃圾！"/ 126
老师认错又何妨 / 131
班级"预约谈心制"/ 134
一次教育"冒险"/ 142
说你行，你就行！/ 147
我是班级30号 / 153
解铃还须系铃人 / 156
孩子为何也变得功利？/ 161
抚平你们躁动的心 / 165

一篇习作，一个心灵 / 170

"离开"的背后 / 179

"残缺"的感动 / 184

辑四 让梦想从这里出发

还记得我曾跟你们说："每个人从小都要有自己的梦想。"因为有了梦想，我们才不会感到迷惘；因为有梦想，无论遇到多大的困难，无论你们身处何方，都会想办法克服，坚定不移地朝着理想前进；因为有梦想，我们的生活才会充满朝气和希望。

"钢琴王子"的梦——给小张同学的信 / 192

保持微笑的姿态——给小史同学的信(1) / 196

朝前走，向前看——给小史同学的信(2) / 199

放下包袱，快乐前行——给小何同学的信 / 202

学会换位思考——给小甘同学的信 / 206

做最棒的自己——给旻晔同学的信 / 209

梦想，需要坚持——给小天同学的信 / 212

你是未来小作家——给侬雯同学的信 / 215

让我给你力量——给小黄同学的信 / 219

胜不骄，败不馁——给小诚同学的信 / 222

世界因宽容而美丽——给驰峰同学的信 / 225

我为你骄傲——给小赵同学的信 / 229

目 录

写给"论语"男孩儿——给小王同学的信 / 232
孩子的未来需要你——给小周同学家长的信 / 235
可怜天下父母心——给小戚同学家长的信 / 239
感谢有您！——小孙同学家长的来信 / 241
信任是最美的回答——给小孙同学家长的回信 / 243
让梦想从这里出发——写给2014届601班的孩子们 / 247

跋：和学生一起过日子 / 250

聆听花开的声音

两年的努力化作他激动的泪水。那一刻我真为他高兴,心里的一块石头落地了。我知道,这对于他来说是一个崭新的起点,也让我深深地懂得:在教育学生的过程中要善于等待和激励,才能聆听花开时最美妙的声音。

纸篓里的那只小纸船

今年是自己第一次担任二年级的班主任。为了架起师生之间沟通的桥梁,我在班上设立了一个"班主任信箱",还告诉同学们,只要自己有什么高兴或者难过的事情,有什么特别的想法或者心里话,都可以以书信的方式往信箱里投,老师会定时和大家进行沟通。其实这个与学生进行交流的办法挺灵的,不仅解决了不少学生之间的问题和纠纷,还消除了不少学生心头的阴云。好些学生因此也逐渐改掉了不良习惯。

然而,每次当我打开抽屉,都会看见那一只小纸船。它并不起眼,一看就是一双极不熟练的手"捏"成的。这只纸船实在是太简单了。可是,对它我分外珍惜。纸船上面还写着一句话"老师,今天上哪儿了,您辛苦了!"每次看到它,我都会不由得想起一个不起眼的小男孩儿小张。

那天,我和学校几位老师到外校听课。上晚自习时,我兴冲冲地来到班级,许多同学又习惯性地围了过来,问长问短,无非是想让我告诉他们今天的"旅行"。因为每次从外面回来我都会给他们讲一些有趣的故事,有时候还为他们带了些小礼物。就在我津津乐道时,我发现小张同学站了起来,手里好像攥着什么东西走到了后面的信箱前,小心地把手里的东西扔了进去,之后回到座位上,羞涩地看了我一眼,便低头做起作业来。我并没在意,因为这样的情景对我来说习以为常了。

上课的间隙,我像往常一样把信箱里的"信件"取了出来,唯有一只粗糙的小纸船,上面写着"老师,今天上哪儿了,您辛苦了!"我只觉得心里暖暖的,除了感谢,还多了一份难以言语的欣慰。我看看小张,还在认真地写着作业呢!为了不惊扰他,我便把纸船放在了讲台桌上,压在粉笔盒下,开始讲课。

也许是因为我一时疏忽,却深深地刺伤了一颗幼小的心灵。

到了第二天我才发现讲台桌上的那只小纸船不见了。一位同学向我描述了当时的情形:

这天早上,值日生从纸篓里发现了那只纸船,当在班上询问是哪位同学的时候,小张飞快地从座位上站起来,红着脸连忙冲到了值日生跟前,一把抢走了那只自己送给老师的纸船。

至此,我彻底明白了。带着懊悔的心情,我放下手中的课本,疾步向班级走去……

我找到了正呆坐在位子上的小张,跟他讲清了事情的真相:原来是昨天晚上,下课以后,我急于离开教室,把小纸船落下了,被值日生丢进了垃圾桶。说明了一切,小张听后心情好了许多,微笑着对我说:"老师,那我再做一个给你吧!"

我说:"还是这只好!我就要这个。"

他把那只带有污点的小纸船重新放在了我的手心。

看着这只失而复得的纸船,我深深地感受到:童心是多么无瑕,又是多么的敏感而脆弱,我们应该精心呵护。

这只小纸船成了我永久的纪念,这里面深藏着一颗晶莹、纯真而又不可欺的童心。我特意把小纸船装进一个信封,放进了抽屉,让它时常提醒自己,鞭策自己。

每个老师或许都会有这样类似的经历,这是再平常不过的事,但"纸篓里的纸船",很可能只有一只。因为它表达的是学生对老师的尊敬和信任;它传递的是人与人之间最纯洁而又最直接的真情。我们切莫轻易地伤害学生的情感,尤其是年纪越小的孩子,因为,童心无价!珍惜学生的情谊就是珍惜自己作为教师在学生心目中的地位。

2005年10月11日

主题品悟:童心

高尔基说过:"谁爱孩子,孩子就爱谁,只有爱孩子的人,他才可以教育孩子。"明代学者李贽在《童心论》中曾言:"童者,童心也。失缺童心,则失去童真;失缺童真,则失去真人。"

二者的论述综合起来看,告诉我们:唯有心怀童心者,才知童心纯与美。学生对老师的爱,有时候不需要说出来,孩子们会通过一些不经意的举动表现出来,比如,跑过来把你紧紧抱住,上课时专注的眼神,往你手上递过一支红色笔芯,悄悄跟在你的身后冷不丁拍了一下你的肩膀等等。这是学生在表达他对你的尊重、信任和情谊,很简单,很质朴,也很纯洁。

　　作为教师,我们首先要让自己成为儿童,才能去理解童心,尊重儿童,纯净自己的心灵,然后像爱护自己的眼睛一样,小心翼翼地去呵护它,精心备至地去培养它,和孩子一道品尝成长的味道。

恶作剧男孩儿(1)：我该如何是好？

"叶老师，我养在鱼缸里的金鱼今天被小哲剪成两截了……"
"叶老师，我的小金鱼也被剪断了！"
早上一进教室，讲义还没放下，几个孩子跑过来对着我大声诉苦。这样的消息，差点把我的肺给气炸了。我扫视了一下教室，小哲却不见了踪影。好家伙！真恨不得马上把他找来狠狠训斥一顿，一大早的好心情就这样烟消云散了，真够气的。没办法，还得把问题解决啊。

先说说这个孩子吧，因为头型比较大，大家都叫他"大头儿子"，可他在班里却没有电视里那个"大头儿子"那么讨人喜欢！每个星期必要惹上好几桩坏事儿让你解决，莫名其妙的恶作剧，更是他隔三差五要上演的重头戏。不过，优点也不是没有：学习成绩还不错，能写一手好字，做作业也很细心。嗯，这应该是我从他身上看到仅存的优点了。

其实，同学们对他这样的告状已经不止一次了：藏铅笔盒、在墙上画画、拿同学文具、在寝室捉弄人、做操踢同学屁股、往同学身上洒墨水、爱撒谎……这样的小家伙能让人喜欢？难！事实如此，我这个当班主任的也难以"消受"。

可不，昨天早上小婧委屈地跑到我的面前："老师，我的语文书不见了。"我下意识地就往小哲那儿看了一眼，他马上低下了头，却又故作镇静。估计八九不离十就是他了，但我没有足够的证据也不能轻易下结论。我转向同学们说："大家有没有发现小婧同学的语文书？如果看到了一定要交还给她呀……"我边说边给小哲敲敲边鼓，但他根本没有反应，两只眼睛咪溜咪溜看着窗外。这样的事情不知道发生过多少次，没有充足的证据，他是不会轻易承认的。即使有，他也要极力狡辩一番，不到最后绝不"伏法"。

还好后来小圆悄悄地跑来，这是一个单纯而有点正义感的女孩儿，把她见到小哲藏书的事实讲给我听。最终，在既有事实面前，他败下阵来，承认了自己的所为。原因很简单，他轻描淡写："我觉得这样做很好玩。"我可真是无语了。如何"对付"这个小家伙也成了我的一个新课题。

我想了好多方法来教育引导他，可至今还没有找到造成他现在这个状况的真正原因，这让我很苦恼。因为每次发生这样的事情后，他首先做的就是隐藏，被发现了马上撒谎，面对事实时极力狡辩，当真相大白时就说"我保证……"，现在我的抽屉里还放着一叠他写的保证书和说明书。教育过后，隔几天他又变着花样接着干。教育效果很不明显，但我知道，如果这孩子这样的问题不解决，一定会对他内心的道德秩序产生影响,甚至影响将来的人生轨迹。

恶作剧现象,在小学阶段的某些特殊孩子身上表现得较为明显,但像他这样的还比较少见。我也在思考这究竟是什么原因造成的。周日下午我特地到新华书店买了一本《问题学生教育指南》,里边也谈到了这样的孩子的教育问题。我也学习了很多关于学生恶作剧行为与心理的研究资料,对自己的帮助还是蛮大的。

学生搞恶作剧的心理其实是很多样,很复杂的。有的是出于对新鲜事物的好奇,有的是认识上的局限,故意捣蛋,还有的是感到无聊,注意力无处放,能吸引他们的自然就是怎样寻乐子等等。就像我班这个孩子,平时在班上朋友少得可怜,鲜有交流的渠道,自然就会产生"找乐子"的念头。这也许就是所谓的"取乐心理"。

再者就是每个孩子都有被认可的需要,都有被老师赞美被同学们关注的需要,尤其是平时表现不太好的孩子更有这样的心理。因为他们无论怎么努力也不会成为同学们关注的焦点,也不会成为老师赞美的对象,所以只能靠搞一些恶作剧来唤起老师的注意,以获得自己内心的一点点满足,用这种不太正当的方式来表现,哪怕是顶着被老师批评的风险也要走一些"旁门左道"。这个还是很有道理的。小哲平时就很少受到老师或同学的重视,包括家长也是这样。有一次他母亲到学校与我交流,说得最多的就是孩子在家这儿不是那儿不是,几乎没有提及孩子的优点。因此在这样的情况下,他的确只能通过恶作剧这种方式赚取大家的眼球了。

从这个角度来看,自己的教育方式也是亟待改进的。平时对他的关注度还不够,有时候他犯了错我就一味地批评指责,有时还在全班同学面前让他检讨,写检讨书,低头认错,看来这样做并不妥当。这样的孩子其实也是有自尊心的,犯错后同样需要我们给予更多的关心和帮助,在方式方法上更需要认真考虑。

还有就是报复心理,这孩子在班上因为不太受欢迎,在心理上需要找到一点平衡,于是就会寻找机会欺负一些老实的孩子,就像上文说的小婧同学就是一个例子。小哲就曾经扔过她的笔袋,往她后背洒钢笔水等。

我知道,恶作剧还将不定期发生。我该如何是好?找到心理层面的原因还不够,对症下药解决"病症"才是关键。

首先,要处事冷静,不可大发脾气。不管遇到多么严重的恶作剧,都要控制自己的情绪。其次,要维护小哲的自尊心,切不可直接或当面批评,尽可能的要用更为巧妙、智慧的方法加以教育。第三,要持续关注,不可放任不管,要定期对他的行为表现进行教育、引导和激励。

不管怎样,毕竟他只是个孩子,还是心怀更多一点期待吧。对于小哲,我得想想点子了。

2013年4月22日

 **主题品悟：恶作剧**

有一位教育家曾经这样说过："要使孩子们从小就懂得和领会到，他的每一步、每一个行动都会在他身边的人——父母、教师和'陌生者'的精神生活引起反响。只有当他不给别人带来灾难，不欺负和扰乱别人时，才能成为一个生活得平静而又幸福的人。"而爱制造恶作剧的学生往往是与这一论述相违背的。

因为年龄的特点，爱搞恶作剧的学生在小学阶段还是不少的，对他们的关注和教育不容忽视。对于这类学生，我们往往都先是禁止、批评，如果不奏效就要对学生惩罚，认为这些学生刻意破坏班级纪律，实在可恶。我们不妨静下心来想一想，学生们为什么爱搞恶作剧出风头呢？其实，这些学生爱搞恶作剧，在心理上首先是道德规范与强烈活动需要的矛盾，其次是自主性与自觉性的心理矛盾，还有一个就是自卑与自信的心理矛盾。

如何处理恶作剧，事关教育者的胸襟气度和教育智慧，处理好了，能化被动为主动，改善师生关系；搞不好，则会加剧师生冲突，危害校园、班级生态，切莫意气用事。

恶作剧男孩儿(2)：惩罚也需要设计

一大早来到办公室，还未坐下，只见小哲急匆匆地跑到我跟前。看着他那满脸委屈的样子，估计没什么好事儿，平日里只要他来到办公室八成没好事儿，不是告状就是"被告"。果不其然，他开口了，而且声音有点颤抖，还用手指着班级的方向："叶……叶老师，我……我……"我猜想他是不是又与谁闹起来或是被谁欺负了，这副失魂落魄的样子。

"你想好了再说，别紧张呀！"我看了他一眼，继续整理办公桌，但对发生的事儿心里已猜到了几分。

他顿了顿说："我今天一早到教室发现我的整个笔盒，还有语文书都不见了！"

我心里暗想："好家伙，这么快就来告状了！"（因为他的笔盒和语文书是我藏起来的，为何？嘿嘿……）

我故做吃惊状："啊？谁这么大胆，敢拿你的东西！让我知道一定不饶他！一定让他向你道歉！"

"怎么我的东西也会丢呀！"他满心疑惑地看着我。那眼神分明是告诉我："叶老师，请你帮我赶快找回来吧！"教了他这么长时间，他还的确是第一次丢东西。

"是呀！你怎么会丢东西呢？别的同学丢东西才正常呀！你丢东西可就不一般了，拿谁的也不能拿你的呀。你想想，小哲是谁呀？你说对吧？"我的语气似乎让他有点捉摸不透了。

他的声音慢慢低下来了，两眼看着地板："我也不知道怎么回事……我……"

支支吾吾了半天，他也好像明白我话中有话。但他一定不知道是我拿了他的东西。

"这样吧，你先回去上课，等我到班级里帮你调查调查。"

我就这样轻描淡写地支开了他。为什么我要这么做？容我慢慢道来。

小哲这孩子，脑子灵光，学习也很自觉，而且还写了一手漂亮的钢笔字，这一点人人夸奖，毋庸置疑。但这孩子身上有一个"恶习"——喜欢背地里拿别人东西。我之所以称之为"恶习"，说明这已经上升到道德品质问题了，作为班主任必须引起高度的重视。开学到现在不到两个月，已经发生了好几起这样的同学丢失物品的事件了。最后经过调查，都是小哲所为。有的东西被他占为己有，有的居然被藏在校园的各个角落或班级的卫生柜里，可没隔几天又出现了。而且他做了还一口咬定不是自己做的，每次都害得我绞尽脑汁找"人证物证"，焦头烂额。三番五次的教育，苦口婆心的长谈，甚至连家长也请来一同教育,可效果并不尽如人意——照"拿"不误。每次的严厉批评似乎在他的体内形成"耐药性"了。我想这样下去一定不行,不仅对同学和班级的影响不好,还对他的健全人格的形成也有影响。造成这一现象的最根本的原因何在?我找到了——缺乏同理心。

之所以他对自己所做的事情"乐此不疲",因为这样的事情发生了,对同学会造成怎样的伤害,其他同学心里有多难过,会给他人的学习带来多大的不便,他根本不懂。因为他的确没丢过东西呀,当然无法体会到这种感觉。所以我设计了上述的"惩罚"。我想换种方式对他来一次"善意"的惩罚,看看是否奏效。

这不,马上有了刚才告状的一幕。可以看得出来,他丢失文具的"失魂落魄"说明他已经体会到了这种滋味。我的目的是想让他学会换位思考。

此次事件发生后的几天,我特别留心观察他的变化:每天情绪并不高,课堂上也不见他发言,除了合作交流必须与同学说话外,其他时间好像也不太活跃,下课了也呆坐在位子上。到了第三天,他只好向同学借了一本《语文教材全解》当作课本用,因为里边有课文内容。每次见到我总是欲言又止,我知道他心里在想什么。每次同学丢失物品,我都会尽力帮他们找回,而对于他却这般冷落,我想他是会有想法的。但这正是我需要让他体验的过程。

有一天,我找他谈话。

"小哲,笔盒和书本找到了吗?"

"没有!"他还是那个眼神,想求助但根本无法开口。

"你觉得自己的东西怎么会弄丢呢？是不是自己放到哪儿去了呀？"

"我觉得不可能，一定是被别人拿走了。"

"这几天，你心情好像不太好，是吗？"

他轻轻点点头，双手别在身后，身体紧靠着墙。

我继续追问道："说说什么感受，好吗？"

他迟疑了一会儿："我就觉得不舒服，上课也不方便，就想早点儿把东西找回来。"

听起来是真实的感受。我也不回避了，直接问他："那你想过当你拿走别人东西的时候，同学心里会怎么想吗？"

他的目光开始有点躲闪了，好久了就是不开口。

"好好想想吧，你是个聪明的孩子。我倒是觉得你的笔盒和书本真被别人拿走了，说不定哪一天又会出现呢？你也不用悲观，再等等看吧。不过我得说一句，你可千万不能再做这样的事儿了，知道吗？有时候多替别人想想，你或许就不会做了。"

他"嗯"的一声，然后使劲点点头。

就这样过了一个星期。我觉得时机已到，是到了应该归还和教育的时候了。我选了一个中午，趁孩子们都去食堂用餐的间隙，我将小哲的笔盒与书本悄悄地放进了他的抽屉，还在笔盒里夹了一张小纸条，上面用一种特别的字体（事后小史等几个孩子居然开始研究究竟是谁写的纸条，当然最后无果而终，有意思）写道：

今天我把你的笔盒和语文书还给你了，但请你不要猜测我是谁。我有些话想对你说,其实你是一个让我佩服的同学,你有很多优点值得我学习。但是我真的也很瞧不起你,因为你在我心目中不是一个真正的男子汉,总喜欢在背地里搞恶作剧,让同学难过,让老师难受,也让我们班级的荣誉受到影响。你为什么不能光明正大地做事,做一个堂堂正正的男子汉呢?也许我的做法并不对,但我实在看不下去了。我想这几天你心里一定也在怪罪那个拿你东西的人,但也请你想一想,你曾经伤害过的同学的感受吧,他们的心情和你这几天的心情是一样的。你如果学会替别人考虑就不会再做这样的事情了,你说是吗?

希望从今天起能看到一个阳光的你。

对你又爱又恨的朋友

当天下午,我还没走进教室,他就屁颠屁颠地把我拦下:"叶老师,我的笔盒和书找到了!"不用说,此时他的心情比谁都高兴,瞧他的高兴劲儿,简直像换了一个人似的。

我认为该再找他好好谈一次话了。午间休息时,我把他叫到走廊上,此时只有我和他。

"你的东西是怎么找到的呢?"

"我也不知道,吃完饭过来我就发现东西在我的抽屉里了。"有点神采飞扬的感觉。

"嗯,不管怎样,东西找到了就好。不过你认为会是谁干的呢?"

他摸了摸后脑勺:"应该不是我们班的同学吧,不像……"

"如果真是同学拿的,我倒觉得你应该好好感谢一下这个同学哦,但这已经不重要了。"

"嗯,不会是上帝干的吧!"他的笑有点憨,但感觉还是挺可爱的。

"亏你想得出来,不过现在老师郑重地问你一个问题,你以后还会做类似这样的事儿吗?"

"坚决不做了!我再也不做了!"他笑容满面,显得很诚恳,很有决心。但愿这是实话。

"行!那就看你的了,小伙子,回教室去吧!"我拍了拍他的肩。铃声响了,他在前,我跟在后边,我们一起走向教室。看着他的背影,我轻轻地舒了一口气。

2014年5月16日

 主题品悟:惩罚

教育学家孙云晓先生说过:"没有惩罚的教育是不完整的教育。没有惩罚的教育是一种虚弱的教育、脆弱的教育、不负责任的教育。"惩罚与表扬一样,都是教育者教育行为中常用的一种激励手法。教育者的任务是既激发学生的信心和自尊心,也要对学生心里滋长的一切错误的东西采取毫不妥协的态度。

但教育上的惩罚,"不是为了惩罚孩子而惩罚孩子,应当使他们觉得这些惩罚正是他们不良行为的自然后果①"。也不是让教师

辑一 聆听花开的声音

采取过激或不良的惩罚方式和行为,而是让教师以爱为前提、以学生生理和心理特点为基础、以法律法规为准绳运用科学有效的心理学知识而实施的惩罚,这是需要精心设计的,这也是一种与"赏识"教育相一致的教育方式,唯有这样,才能更好地保护学生的自尊,让学生充满前进的动力和勇气。同时,善意的惩罚这一特殊教育手段也会为教育增添一抹亮色和温暖。

 **知识链接**

①**自然后果惩罚法**:此为法国教育家卢梭提出的一种教育方法,指的是当孩子在行为上发生过失或者犯了错误时,成人不给孩子过多批评,而是让孩子自己承受行为过失或者错误直接造成的后果,使孩子在承受后果的同时感受到不愉快甚至是痛苦的心理惩罚,从而引起孩子的自我悔恨,自觉弥补过失,纠正错误。

特别的爱给特别的你

有人说:教师的工作是枯燥的。是啊,这要看你如何理解教师这个职业了。如果只是每天在教室里上上课,改改作业,那教师的工作的确是简单而乏味的,甚至是烦心的。如果你以另一种姿态走下讲台,走进孩子们的心灵,融入孩子们的世界中,你将发现一个灵动而多彩的新天地。

这学期,面对特殊男孩儿小锋,面对特殊家庭,我该如何做?

1

关于小锋同学的问题其实早有所闻。记得当时在隔壁班级,就遇见过几次他与同学打架的情形,可谓惊心动魄。班主任老师的教育似乎并无太大效果。这么一个孩子的行为就足以给整个班集体造成飓风式的影响。

"有幸",他转到我的班上,真有点像接到了"烫手的山芋",我不知如何形容当时的心情。毕竟作为班主任，谁都希望自己班上的学生能好管听话。可多年的班主任工作让我知道，一个班级如果没有这样的学生似乎真的是命运垂青了。与其怨天尤人，不如把这样的学生细细"解剖"，作为一个研究对象来对待，也许这样工作起来就会顺心得多，因为你知道教育对象的起点就是这样，心情自然会好一些。

刚开学的第一周，他就打了两次架，下起手来"稳、准、狠"，根本不计后果。他性格极其孤僻，不合群，容不得别人对他说任何不顺心的话语。他行为习惯也与众不同，任性到了极点。上课注意力很不集中，行为表现完全没有规矩可言。吃饭不洗手，又极度挑食，以致营养不良。同学对他已经形成了固有的看法，这更让他无法与旁人融合。

第一次到他家里家访，也让我颇感意外。第二天就要开学了，居然连假期作业也没做，照玩不误。老师的到来，并没有给他的心里造成什么影响，他的冷淡态度让我难以接受。五年级的孩子，何以至此？值得关注，值得研究。

2

孩子出现这样的状况，在我看来必定有深层次的原因。为了了解孩子的内心想法，我多次找他谈话，效果并不理想。他无所谓的态度使得他已经对外界的任何刺激产生了"抗体"。一次打架事件后，我们有了这样的对话：

我：我们谈谈可以吗？

小锋沉默不语。

我：你认为今天自己的行为是否正确？

小锋：我又没有错，是他先打我的。

我：能对我说说事情的过程吗？

小锋：我就看他不舒服。

我：难道你看到的人，你觉得不舒服就可以打他吗？

小锋：是的。

我：(惊愕)你平时就是这样与同学相处的？这样可不行。

小锋：我以后见到一次就打一次。

我：(看来问题不是一般的严重，我知道他在气头上，再说下去是很无力的)今天，你让我了解了你是一个怎样的人，我们找个机会再谈谈吧！但如果你又遇到了那个同学，请你先来找我，别急着动手，我先站在你这边，然后再解决，可以吗？

小锋阴沉着脸，点点头，不屑地离开了。

这次谈话并不成功，我没有走进孩子的内心世界。但也可以理解，因为他与我接触时间不长，没有理由说出心里话，自然有一种不信任感。接下来的日子，我不得不特别关注他的行为。

经过一段时间的接触，我了解了他各种言行背后隐藏的心理问题，这对于解决他的问题尤为重要。

从他的家庭构成来说，由于时间不长，我并不是十分了解，但从家访,还有与其母亲接触时的种种迹象表明,家庭教育中存在着某种缺失和不良的影响,至少父亲的教育这一块几乎是没有了,而母亲的迁就和纵容助长了他身上某种不良品性。他母亲说从一年级开始,他想吃什么就做什么给他吃,完全自由,并没有很好地引导和理性地教育他如何接受各种食物,所以挑食问题特别严重。至于孤僻的性格缘起,我想这也是大多数独生子女的共性。还有他的攻击性格问题,我的初步判断也许是由于家庭的教育方式不当或者是他原先生活的集体造成了这种性格。

通过老师和学生的了解得知,他在班上并没有得到过多少鼓励和表扬,更多的是受到同学的冷眼和老师的斥责。随着年龄的增长,逆反心理愈发明显。但作为一个有严重暴力倾向的男孩,如果缺少了别人的关注,势必会采取一些不当的手段引起别人的关注,攻击别人自然成了一个策略和宣泄渠道。

3

对于这样的孩子,要想让他改正这些不良习性是难以一蹴而就的。经过仔细思考后,我计划在初级阶段采取以下措施:

第一,消除戒备,取得信任。从开学初的不接受到能和你短时间的聊天交流,显然是一个进步。上一周,当我看到他能用比较平和的目光正视我的时候,我知道已经成功了一半。具有攻击性的孩子往往防备心理都比较重,如果老师找他谈话,他总觉得是在找茬,因此消除这点偏激的认识很重要。我利用课余时间有意安排他做点事情,借势表扬他。现在他是班上的点心管理员,做得非常好。

我想这也是让他和同学之间建立信任感的一个有效途径。

第二，走进心灵，给予温暖。他冷漠的眼神的确让人难以靠近，我想这是长期以来他人对他的漠视才导致了他对别人的不屑。无论大人还是孩子，从相互尊重的角度来分析是成立的。如果一个孩子能经常有人关注他，鼓励他，引导他，就不会造成现在这样的心理。因此，在与他的接触中，更多的是对他细节上的褒奖和行为上的具体指导。我发现他是班上最爱看书的男生，每天只要有时间，一定会安静地坐在位子上认真阅读，他也只有这个时间是最可爱的。每次看到如此情形，我都在全班面前大力表扬。这让他的眼睛放光，而且每次都会泛出一种自豪感。前些天童老师还跟我说，这一周来能从他的脸上看到会心的笑容了。这也许正是一个孩子消除内心孤冷的表征吧！因为每个人都渴望得到赏识。

第三，避"重"就"轻"，注重引导。没有一个孩子会对旁人的关心无动于衷的，除非是智力上出了问题。人是有情感的动物，在内心深处都有被爱、被关注的需要，而不乐意被别人指责。对于他的教育，在初步阶段，只要不是重大的原则问题，给予适当的迁就，不必上纲上线。而对于原则性的错误，也要避免过激的批评和训斥。今天中午又发生严重的打架事件，幸好被卢老师发现才避免了安全事故。在中午与他的长谈中，他认识到了自己心胸狭窄、冷傲性格所带来的后患。当我亮出了自己公正对待同学错误的原则，以及教育他作为班级成员有维护班级荣誉的义务时，他还是非常诚恳地承认了错误，从前他是没有承认错误的历史的，这让我感到意外。

显然,这一次的谈话较之前一次有了很大的进步。我不知道接下去漫长的日子里,在他身上还会发生什么不可预测的事情。

4

今天也许是找小锋谈话的最佳时机,一是昨天的考试中他居然出乎我的意料,考了一个99分;二是周末即将到来,是个小结的机会;三是今天他感冒了,妈妈中午要来学校接他回家,正好是个绝佳的教育契机。

想想第一次与他谈话时他是那样冷漠与无语,今天找他来到办公室,情形有了很大改观,虽然戴着一个大口罩,但还是感受到了他的积极变化。这一个月对于他,对于我都是一个考验。要想真正转化一个孩子的确不太容易。第一周跟他谈话结束,马上就打了三次架,这一周打了一次架,但在我看来,至少是有进步的,该找他好好谈谈了。于是有了下面的谈话:

我:知道了昨天的成绩,感觉怎么样?

小锋笑了笑。(见到他笑在过去是一件很难的事情,因为他的生活中好像没有什么是值得开心的)

我:从昨天的成绩看,你超过了班上许多优秀的同学呀!这一点足以证明你是一个聪明的同学,你觉得自己聪明吗?

小锋自信地点点头,很开心的样子。(早上发完卷子,我关注了他的表情,那种自豪看来是期待已久了)

我:今天生病了,想不想回家呀?

小锋：有点想，又有点不想。

我：为什么？

小锋：明天运动会哪！（前几天已经决定让他加入班里的体育节后勤组）

我：看来少了你，还真的不行啊！不过生病了大家能理解，先回家养好病再说吧！

小锋：嗯！

……

（中午他妈妈来接他，在办公室）

小锋妈：这孩子在学校有没有表现好点呀？

我：我觉得他是班上变化最大的孩子了，特别爱看书，而且听课比过去认真多了。

小锋妈：我也觉得他在家里的表现好多了。

我：在家里尽量让他少玩电脑，少看电视。

小锋妈：这一点还好，就是爱看漫画书。

我：爱看书不是坏事，不过你要有意识地引导他看一些好书，到书店买书。

小锋妈：嗯。

我：还有这孩子爱打架的毛病也改了不少，第一周打了三次架，第二周打了一次架，他说第三周不会打架，我觉得他一定能做到的。

小锋妈：（笑着看着小锋）那要做到的啊！

……

（不久后，小锋妈接走小锋）

5

这次谈话,他显然已经消除了很强的防备心理,在一种很自然的状态下进行,尽管话语略少,但气氛还算融洽,没有抵触、执拗。

一个月的观察与教育,还是起到了明显的效果,原因主要在于:

第一,鼓励孩子一次,比批评孩子十次更有效。在课堂上只要他能认真听课,举手发言,书写漂亮,回答准确等,我绝不吝啬自己的表扬;在生活中只要有亮点,我就在班上大张旗鼓地表扬他,并给他加上星星。这对于激发孩子内心的自我效能感有着极其重要的作用。

第二,家校配合,家长的重视让老师的教育更加深化。两次的家校联系卡,他的妈妈也认真地看了,并且对孩子在家里的表现做了很客观的评价和留言,特别是正面的评价,让孩子感觉到自己是有希望的,自己在妈妈眼里还是个好孩子。到学校以后,我在全班面前大力表扬了他在家的良好行为,这让他在整个班集体氛围中得到了同学们的认可,让同学们消除原先对他根深蒂固的不良看法。

第三,家长的教育方式正在悄悄发生着变化。与家长的交流中,我反复强调教育这样的孩子一定要改变方式和策略,不能一味指责辱骂。这会让他产生严重的自卑感和逆反心理。虽然现在没有表现出来,但时间一长就不一样了,会出现你难以控制的局面。家长也努力改变自己的教育方式,积极参与到学校的教育圈中来,这让我感到非常高兴,因此才有了孩子的行为改变。

当然,一个月的时间并不能完全定型一个孩子的行为方式,但是有了大家有意识的重视和沟通，相信会有更大的收获。

6

期中考试刚刚结束，这孩子考得不错，语文90.5分，数学92分，英语47分（总分50分）。能取得这个成绩对于他来说的确是不太容易的。在考试之前我让每个孩子给自己定下目标和心中要赶超的同学。他在努力地做着，因此这成绩出来后，他也很高兴。我想趁此机会找到他进步和积极的一面，好好谈一谈，也许对于下半学期的学习会有很大的帮助。再者，两个多月来，他的行为习惯一直是自己关注的焦点，这比学业上的成绩更为重要。开学至今，打架事件几乎没有了，课堂上的表现，几位学科教师也觉得他进步很快，基本能做到认真听讲了。从他妈妈反馈过来的信息看，在家里的表现也不错，在家里能自觉做作业，控制好看电视的时间，不懂的问题居然也会打电话来问我。种种迹象表明，孩子正处在积极上升的阶段，应该"趁热打铁"。

我：半个学期过去了，很高兴能看到你的进步，这次期中考试，你看了成绩觉得怎么样？

小锋：我觉得很满意。

我：我也觉得你的进步很快哦！这也证明你不差嘛！想想下半学期该怎么做呢？

小锋：我在上课时一定要更认真一点。（他也马上意识到自己最大的问题在课堂上）

我：能不能说得具体点呢？

小锋：不能随便说话了。

我：早上听说昨天科学课上你和小聪闹矛盾了,是吗？

（小锋看着我，疑惑着我怎么就这么快知道这个事情了）

我：老师和同学的眼睛是亮的呀！你看，从开学初经常打架，到现在几乎不打了，大家反映都很好，你可要注意自己的形象了。

小锋还是很认同地点头，毕竟这么长时间来要让自己不出手的确挺难的。

我：不过我还是相信你能做好的，因为现在你就做得很好了，在家里的表现也不错。

小锋：我会注意的。

……

7

现在跟这个孩子谈话，没了原先的抵触和反感，更多的是他对于老师批评教育的接纳，并能努力去改正，这很难得。

因此我认为，对后进生的关注，更多的是关注他的心理，让他从心底里接受外界，包括老师和同学对他的评价，否则，无论什么方式对于他都是无效的。这孩子以前无论谁找他，无论对错，都会歇斯底里地反抗。

第一，关注，要做到有始有终，不能偶尔关注一下，批评教育一下，之后很长一段时间又不关注他了，这对于转化后进生效果并不好,应该有一个长期而持续的过程。在这个过程中也许会花费自己较多的精力,还要动员所有的老师,包括他的父母一起关注,的确也是有困难的,但只要坚持了,效果就会很明显。

第二,适时的鼓励和提醒比随意的说教更有效。每次只要他有什么值得表扬的地方就让他在全班面前接受大家的掌声,当然,如果偶尔犯错就应当及时个别谈话并教给他与同学相处的方法,一定要及时跟进。这对于一个后进生来讲是多么重要啊。

这又是一件发生在小锋身上的事件。

上周是开学的第一周,学生的各种反应自己还是有心理准备的,毕竟是春节后的第一周,学生身上肯定会暴露出许多陋习,有的是长期养成的,有的是寒假期间复发的。不管如何,作为班主任还是要有充分的应对准备。

早读课,卢老师在值周检查过程中,发现小锋坐在教室的最后一个位子上,并不在读书。于是过问了几句,准备给违反规定的他扣点分,以示教育。可没想到的是,卢老师刚一转身,他却将门狠狠地一摔,响声很大,震动了其他同学,也震动了卢老师。此时的他似乎对老师的扣分决定很不满,用摔门来发泄一下。这下可好,卢老师非常生气,决定给班级扣五分,并把这件事告知我……

我估计这是一次压抑得很久的情感宣泄,对待老师的态度也相当恶劣。当我得知此事时,心里并不像过去那样,想去狠狠"收拾"他一顿。我的心中有了一丝丝的理解,决定还是先了解一下孩子的内心想法,然后再去解决这个问题。

接着是几天的观察和等待,选择一个恰当的教育机会效果会好一些。恰好一周也快结束了，学校也要进行值周总结表彰获得"流动红旗"的班级，这项荣誉需要的是全班同学的共同努力与付出，我想此次事件对班级的影响是有的，也借此教育他要有班级荣誉感和集体责任感，这不失为一个好机会。

在谈心室里，谈话的过程还是让我比较意外。小锋的态度有了很大的转变，我想这几天的留白也让他对自己的行为有了反省，毕竟顶撞了老师，也让班级抹黑了（本周果然没有得到"流动红旗"）。我提前让他把事情的过程叙述清楚，和卢老师描述的一样，证明没有撒谎。当我提出要让他在全班面前承认错误并作检讨时，小锋的反应出乎我的意料。原本我以为他会抱着无所谓的态度，换成过去似乎是很正常的。可今天不知为何，眼泪从他的眼眶里掉了下来，头低得不能再低了，两只手不停地抓着衣角，我再三问他愿不愿意进行全班检讨，他很坚定地回答不愿意。可问及原因时，他却含泪吐露了心声：不愿意让同学说自己表现不好。我很吃惊，教了他近三年了，第一次在我面前有了自尊心，懂得了"要面子"。这似乎表明一颗稚嫩的心正在慢慢成长。我也答应他不必在全班面前检讨，但下不为例。接下来的谈话顺畅了很多，小锋说了自己的想法和今后的打算，当我说许多老师夸他的脸"白了"（言外之意是他这学期懂得了卫生，天天洗脸了），当我说许多老师夸他有礼貌了，与老师见面不躲闪，懂得面带微笑问好了，我看到了他满意的笑容。他拿着检讨书走出谈心室，留下一个自信而坚定的背影。

教育的过程很艰辛也很烦琐，但能用一种期待的眼光看待每一个孩子，我们将会收获更多的温情。

8

  时间过得很快。离毕业的日子越近,对学生的不舍情感就越发强烈,尤其是自己重点关注的几个特殊学生,有时会一遍一遍地想:毕业后你能管好自己吗?

  三年了,对小锋一直没有放弃过,在这期间不知发生过多少事情,让自己心力交瘁。有时真想放手了之,可每当有这个念想的时候,便告诉自己:你想教育好他,半途而废,能行吗?再者,有时候看他也怪孤独的,本来朋友就不多,如果老师再不理他,他的学习生活一定非常痛苦,小学生活也将成为他痛苦的回忆。还好孩子即将毕业,我也坚持下来了。

  这孩子还算争气。现在的小锋学会了忍耐,学会了宽容,逐渐学会克制自己的暴躁情绪,能站在对方的立场考虑问题了。做错事也能很坦诚地承认。脸上的笑容多了,经常有老师遇到我就说,小锋现在遇到老师还能问候几句。对待学习也不那么排斥了,做作业速度很快,尽管不太爱做数学作业,但愿到了中学能有所改观。

  看着他每日快乐地做着自己喜欢做的事情,心中还是感到一些欣慰,也希望在最后的十几天里,大家都能彼此互相珍惜最美好的时光。即将小学毕业了,希望他能带着新的希望走进中学的生活。

2013年5月8日

辑一 聆听花开的声音

 **主题品悟：坚持**

  动人心者莫先乎情，真诚而深厚的情感是班主任工作的基石和血脉。它能拉近师生情感的距离，解除问题学生对班主任教育的逆反心理。有情有爱并坚持你的爱，这是有生命力的教育，是最简洁最有效的教育。

  在我们的教育活动中，对"后进生"的转变工作是最难啃的硬骨头之一。面对生生、师生之间的矛盾冲突，班主任若拿捏不准，很容易造成矛盾升级。苏格拉底说过："教育不是灌输，而是点燃火焰。"因此，在班主任工作中，要带着一种闲适的心态慢慢去体会教育的"过程"，因为这个"过程"才是真正的价值所在，也是班主任这一特殊角色在学生生命成长过程中的意义所在。

聆听花开的声音

今天的升旗仪式对于小孙来说一定是难以忘怀的，因为他终于站在高高的领奖台上，接受校长亲自为他颁发的校少先队大队委的荣誉证书。当学工处主任宣布名单的那一刻，我也欣喜地看到了一个孩子脸上那灿烂而久违的笑容，而为了这一刻，我和他一起等待了将近两年的时光。

小孙也是班上的一个特殊男孩儿，想起第一次与他的"交锋"还是在去年。一次在班上他因与同学闹了点小口角，便夺门而去。同学们跑来告诉我，说小孙在班里发火逃走了。因为快要上课了，我简单地问了原委，急忙到校园里四处寻找。偌大的校园我找了个遍，最后在通往宿舍楼右侧的"小树林"里找到了他。只见他一个人独坐在树丛边的石凳上，脸上写满了愤怒与悲伤，嘴里还喘着粗气。因为刚与他接触不久，我并不能很准确地判断到底发生了什么事儿，为何他会有如此反应，自然谈不上如何开导他，只是想将他马上带回教室上课再说。我的到来并没有让他的情绪有丝毫变化。我刚一说话,他就大发雷霆,甩着手臂,大声怒号着:"我不想读书了,有什么大不了的,我要转学……"事态比我想象的严重得多。按常理,学生间的小矛盾一般不会有这样的反应,难不成是同学的话触痛了他内心的某一块角落?在我的百般劝说下他最终回到了班级。

事后我向周遭同学了解到了之前所发生的事情。原来是几个同学说了一些与他家庭相关的本不该说的话语,这让他无法忍受。这样一来,我理解他刚才的行为了。我知道,学生的反常行为背后一定隐含着这样或那样深层次的原因,而我们有时却不得而知,如果轻易进行说教,往往效果不佳。

第二天,等小孙怒气全消后,我和他谈了一次话。他很平静,言谈举止都看得出是一个很有礼貌的孩子。他的话语中透露出最近他的家庭出了状况,父母正在闹离婚。他知道后非常难过,但没有任何可倾诉的渠道,压抑在心里,自然也把一些消极情绪带到了学校。难怪那些日子,他总是心神不定的样子,时不时在大家面前大发雷霆。而且每周的家庭作业,他都是涂鸦式地完成,作文每次只写百十来个字,根本没有花时间在学习上。这样的状态持续了一段时间。

我清楚地知道,一个家庭对孩子的影响至关重要,但作为班主任是无法去改变孩子的家庭状况的。而我能做的是尽量转移孩子的注意力,告诉他父母的事情他们大人自己会处理好的,现在一定要调整好心态,用自己的努力让父母看到希望,这才是最好的办法。

从那以后，我经常找他谈心，在生活上也多关心他，让他觉得在学校有老师的关爱，感觉是温暖的。同时，我教他如何面对同学间的矛盾，如何调整情绪，跟他谈如何让父母为自己感到骄傲。我想尽一切办法让他振作起来。我知道要改变他不是一朝一夕的事情，必须有足够的耐心去等待，寻找一切机会去改变他。

四年级的那次少先队大队委竞选让我找到了一个契机。当时，全班同学通过投票确定参加竞选的人选，他的票数并不是最高的，但我还是决定让他参加。经过我的劝说，大家也同意了。本来我想通过这次锻炼的机会，让他重新振作起来，重新在班级里树立起自己的形象。没料到的是——他落选了，我的希望也落空了。而这次失败对于他来说是个不小的打击，我还真不知道该如何安慰他，安慰这班学生。经过反思，我觉得这跟我有一定的关系。我对他的演讲指导得不够细致，重视得也不够，只觉得让他有这么一次机会上台就足矣。其实我想错了。谁知他对自己的表现却非常在乎，这是我始料未及的。之后的某一天我问他："如果还有一次机会的话，你愿意再上台竞选吗？"他没有说话，但他的眼神告诉我，至少他的心里还存有一丝坚定和希望。

这使我又产生一个念想：明年再让他参加一次。从那天起，我不停地以这个目标去激励他，并和家长一起给他精神上最大的支持与帮助。在班上，我动员全体同学都去关心和帮助他，把一次次机会留给他。只要他在学习、生活上有点滴进步，我和他的父母都会一致给予他最大的鼓励。话说好孩子是赏识出来的，从教育这个孩子的过程中，我深刻地体会到，赏识比任何教育手段都要高明。

又到了今年的少代会换届选举了,我和学生们又将这个机会给了小孙。这样的做法某种程度上对其他孩子并不公平,因为班上表现出色的孩子很多,完全有资格去参加这样的竞选。但我认为要转变一个孩子必须有所付出,必须有所坚持和舍得。

选举前的一个星期,我和他一起修改演讲稿,一遍又一遍地在办公室、班级里试讲,还请同学们为他提出建议。我知道这一次没有回头路了,必须得成功。我和他的压力可想而知。带着这份执着与努力,这一次他又来到了演讲台上,铿锵的话语,坚定的眼神,还有那份满满的自信,博得了大家认可。

两年的努力化作他激动的泪水。那一刻我真为他高兴,心里的一块石头落地了。我知道,这对于他来说是一个崭新的起点,也让我深深地懂得:在教育学生的过程中要善于等待和激励,才能聆听花开时最美妙的声音。

2013年6月7日

主题品悟:等待

中国有句格言:"欲速则不达。"思想工作是教师工作的灵魂,特别是班主任,在做学生思想工作时,我们不能急躁。其实,学生的个体差异非常大,每个人都有自己的独特之处。如果能使每个学生的独特个性得到充分发展,将让他们终身受益。宽容学生的错误,给他们改正的机会、时间至关重要。我们要以充分了解学生为前提,用尊重与耐心的态度对待他们,或许教育的奇迹就这样发生了……

　　教育,就是以宽容之心静待花开。学生就是一棵棵小树,我们要给每个学生开花的时间,更要留给学生一个生长的夏天,才会真正拥有一个收获的秋天。

特殊女生的日记

今天中午在办公室批改学生的暑假日记，突然有一篇日记让我吃惊不小，其这样写道：

小时候，妈妈对我最好了：我想要什么，就为我买什么；别人欺负我，就帮我撑腰；我困了，就把自己的身体当作松软的床，让我安睡……

而现在不同了，年级高了，我的成绩降了下来，妈妈就开始对我不满了，于是老骂我、打我。

爸爸老是说让我说出心里话，我敢吗？也许越大烦恼越多吧！跟爸爸说，不可能；跟妈妈说，简直是天方夜谭呀！就说这次语文考试吧，我考了86分，已经很不错了，妈妈却说："才考八十多分，说出去，丢不丢人呀！"我反驳道："全年级最高也才93分，只相差7分。"妈妈还是很生气地说："那还是太差了……"

有很多次想帮妈妈做家务,妈妈却说:"把学习搞好,别做家务了!"可我在写作业时,妈妈又说:"看看邻居家×××都帮她爸爸妈妈做家务,你却无动于衷。"叶老师,我该怎么办呀?

后来,有了妹妹,俗话说重男轻女,而我们家是重小轻大。我的烦心事就更多了,总是找不到倾诉对象。有时候,我打完电话,就匆匆忙忙地跑回寝室痛哭。我们寝室的同学第一次见我哭的时候,有点惊讶,在下面嘀咕"奇怪,她怎么会这样",便都来安慰我。

妈妈这次又怀上了,而且说不定是男孩。当我知道后,心里有点紧张,万一真是男孩儿,不知道后果会怎么样!

苍天,放过我吧!

这是小宜的一篇日记,充满真情的倾吐,看完着实让我感到意外,但细细想来似乎又在情理之中。

她是一个比较乖巧的女孩。早在去年刚接手这个班时,我就发现她的确有点与众不同:冥冥之中总能感觉到孩子心中藏着什么东西,当时并没有想太多不好的事情,只是觉得每个孩子都有不同的性格和表现形式,也没太在意。后来随着时间的推移,我们渐渐熟悉了,我也想走进孩子的心去看看究竟发生了什么事,会让她如此不堪重负。记得她写过几篇这样的日记,只是前几次并不像这次充满怨气。当时,在日记中只是反映出对父母行为,尤其是偏见行为的一丝不满和家庭学习生活的不快,每次问她回家开心吗,她总

辑一 聆听花开的声音

是摇头。这个暑假我们在班级的QQ群里碰面了,同学们都聊得很欢,她却说自己不开心,然后就用手机给我发信息:"祝叶老师暑假快乐……"像这样的信息不止发过一次,我也给她回了短信,但总感觉到她每次是有什么话要说,但始终没有表达出来。

今天看了这篇日记,也许自己早就应该走近她了。从中让我明显感受到她长期以来情绪的波动。这次她的父母也到学校来了,可谈的话题始终离不开成绩。孩子站在一旁无话可说。也许努力后得不到认可的滋味并不好受,而小孩子又能对谁诉说呢?但父母似乎并没有理解和察觉,只是不断要求老师管教严格一些。那天中午,她爸爸妈妈走后,我到餐厅坐在她对面一起用餐,她的眼睛湿润了,泪水中似乎饱含了太多的言语和负担。

孩子的这段倾诉中至少反映了这么两个问题:

首先,看得出孩子在成长的过程,心灵会变得越发敏感,尤其是女生变化更大。孩子虽小,但她对外界的感受却非常微妙,老师或父母是否真诚地爱护她们,关心她们,她们能真切地感受到。有时我们成人容易犯一种错误,表面是在关心孩子,但又心不在焉。嘴上说得好听,但连眼睛也不看她一下,孩子能体会到你是真的关心她吗?日记中说的重小轻大、重男轻女等问题,似乎是个大人的话题,可这也恰恰反映了父母在教育过程中的某种私心与偏见。作为老师也是一样,爱护孩子应发自内心的真诚,面对孩子时应该是以一种平等的态度与之对话,五年级的孩子与你还有什么区别呢?

其次,父母在评价孩子时要理性和客观。每个孩子都有不同的潜质,问题出在哪?就是父母对自己的孩子根本不了解,不了解孩子的实际学习水平,不了解孩子的智力发展情况,不了解孩子的内心需要,不了解孩子的兴趣和特点等等。而大多数的中国父母自古以来就是关心孩子在校的成绩,除此之外,什么都不重要了。在和众多家长的交流中,真正能全面公正地对自己子女做出判断的父母少之又少。父母喜欢将自己的孩子与别人对比,这也是造成孩子心理负担过重的重要原因之一,这是教育当中的禁忌,学校教育也是如此。看似简单的一个问题,又有多少人能看透呢?小宜那次考的86分,我知道这是她有史以来最好的一次了。我多次鼓励她,有进步就有希望,让她能正确认识自己的不足并为之努力即可。一年多来我也看到了她的希望,可回到家的情形却让我失望。这不是孩子的责任。

每个孩子都是一个完整的生命体,身心的健康与和谐,需要成人予以呵护和引导。真心希望天下所有的父母能走进孩子的内心,潜下心来好好陪伴孩子。

2011年9月8日

主题品悟:家庭

小学生正处于身心迅速发展的时期,对自身变化、学业压力、人际交往等方面都有自己独特的理解与认识,同时,也会产生许多烦恼和冲突。这时,作为家长,要及时关注孩子,一旦孩子出现问题,要采取合适的教育方式。当孩子产生消极情绪时,家长要想方设法引导孩子解决问题。

　　一些家长错误地认为"学习、学习、再学习"是孩子成长经历的全部，思想上的偏差使得他们忽视了对孩子的全面教育。这些孩子，当他们成功时往往得不到家长欣赏，失败时得不到家长鼓励，进步时得不到家长表扬，忧郁时得不到家长抚慰，悲愤时得不到宣泄，孤寂时得不到关爱，心理和性格就会朝着非健康和非积极的方向发展。

　　"家庭者，人生最初之学校也。"家长是孩子的第一任启蒙老师，在孩子心中起着无可替代的作用。

关注班级弱势女孩儿

相信每个班级都有这么一类学生：不太合群，性格内向，不善于交流，往往被同学边缘化，甚至受到不同程度的歧视。原因是多方面的，既有孩子本身的原因，或者是成绩不好、不善与同学交往，或者做了一些让同学们感到讨厌的事情等。当然也有班级舆论的导向影响，也就是从众效应①，会让这一现象得以蔓延，最终导致同学之间的隔阂增大，甚至影响到孩子的学习生活和在校的幸福指数，不得不引起重视。

这是今天音乐陈老师通过校讯通发来的信息："叶老师，刚刚音乐课下课小叶在路上猛踢小婧。小姑娘已经躲着班级里的这些"恶霸"了。难道就制止不了吗？真的很可怜……"看到信息那一刻我就猜到了三分，一定是平息已久的问题又再次爆发了。

小婧是二年级时转学到这个班级的，我是到了四年级才接手这班孩子的，对此之前的事情并不太了解。也只听一些孩子说她很讨厌,大家都不喜欢她之类的话。当时也就觉得这是同学之间因为各种矛盾而产生的偏见而已,多年的带班经验也告诉自己,这样的现象经过教育会逐渐消除的。但不久就发现,情况比我想象的糟糕得多。班级里有部分孩子,尤其是男孩儿过于强势,特别是在对待小婧同学时,只要提到这个孩子的名字,同学们都会嘲笑、挖苦,有的甚至冷语谩骂。比如在上课的时候,小婧如果问题回答错了,全班会哄然大笑,指指点点;有时候我让她朗读课文,她很投入,声音也挺好听的,即使我大力表扬她,可同学们也不是报以掌声,而是嘘声一片,有的还悄悄地说"装腔作势"之类的话。平时在校园里,没有几个孩子愿意与小婧玩,她经常独来独往。我当时也觉得很纳闷,怎么会有这样的现象出现呢?当然,发生了这样的事情,经过我多次教育后,风波渐平,原先兴风作浪的孩子也有所收敛,但时间长了,还是出现了治标不治本的现象。这是自己班级管理中的一个顽疾,也是一直困扰自己的难题之一。

今天收到陈老师的信息,也意味着问题远没有解决。或许在我的眼皮底下似乎风平浪静,但其他时间还真的不像我想象的那样平静。当天我找到了小叶同学,了解了事发原因:下课了,小婧在离开教室时,不小心将椅子碰到了他,他就大发雷霆,用脚狠踢,还拿了小棍敲小婧同学。小叶也承认当时很激动,很生气,并向小婧道歉,经过谈心,今天的事情基本得以化解。风波过后是冷静的思考:

首先,要关注那个受了欺负的孩子,了解事情发生的来龙去脉。

这是解决问题的根源所在。我们都知道,当一个新同学加入到一个集体当中,集体中的每位成员都对其有较高的期待,自然都喜欢一个优秀的同学加入到班集体中来。而这种高期待往往会与事实不符,小婧并不是一个很出色的孩子,学习基础也不太好,各门功课成绩都不怎么理想。而在学生眼里,衡量好坏的标准往往以成绩为先。而作为教师而言,自然也希望成绩好的孩子能转到我的班来,这是所谓的首因效应②,无法回避。但这在无形当中就会影响到学生的看法与评价。而小婧同学给大家的最初印象并不怎么"耀眼",也就为后来的事情埋下伏笔。

通过与班级其他学生对谈,我从侧面了解了小婧的情况。小婧从性格上来说还算开朗,但同学们普遍反映她喜欢"显摆",喜欢"臭美",用我们成人的话说就是不够低调。她虽然爱表现,但说话、做事过于做作,同学们很不喜欢,特别是在生活区,晚上又说又唱,让大家无法接受。我没想到这居然会成为问题的主要根源。

还有一点,同学们反映较多的是她比较爱打小报告。随着年级的升高,学生是不喜欢这样的同学的。有时候因为一点小事就喜欢背后向老师告状。有时因为"一纸诉状"害得同学被老师批评,同学自然"怀恨在心"。我从家长那头了解到的一些情况和孩子们说的相差无几。种种迹象也表明,事出有因,绝非偶然。

更令我担忧的是,小婧同学有时候也故意躲着班里部分孩子,甚至有时候觉得"我就这样了,你们爱对我怎样就怎样",似乎略显无奈。孩子现正处于人生观和价值观形成的时期,如果我们对他们这方面缺乏关注,那么他们就常常会形成怪异的人格,影响将来的生活。所以长此以往,如果孩子本身无法做出改变,便很难得到别人的接纳,对其身心发展也是极为不利的。

因此,教育孩子本身也是当务之急。但要她立即做出改变是不太可能的。经过多次的谈心教育,有所改善但效果并不明显。毕竟性格不是谁能轻易改变的。

其次,关注其他孩子,营造和谐班级氛围。

根据从众心理效应,我知道只要能扭转班里对小婧特别有成见的几个"领头"者的看法,那么班里其他同学一定也会受到积极影响的。因为每次与小婧有关的事件,都集中在少数几个孩子身上,其他学生就跟风起哄。转变他们的固有看法才是影响全班同学看法之关键,所以要在班级舆论的营造上下足功夫。除了个别谈话教育外,还为此专门上过两节班会课。其中一次,我有意在小婧不在场的情况下进行班集体教育,让同学们敞开心扉,把心中的"成见"摆在桌面上,成立互帮互助小组,在学习上、生活上帮助一个新同学,并为同学们提出了目标,大家一起努力。经过这两年的引导教育,班里许多孩子对小婧同学的看法还是发生了较大的改变。像之前所说的打骂事件明显减少,每次在评选星级文明学生的时候,同学们对她的意见也不像过去那样强烈。有的孩子也说起了她的进步,也对小婧身上的缺点有了更多的宽容,这很难得。

美国的管理学家彼得提出:"一个班级的班风建设其实关键还是取决于班级里弱势群体是否得到关注和发展。"我知道这还有很长的路要走,但自己还是很有信心。

2011年3月19日

 **主题品悟:弱势群体**

班级中的弱势群体(学生)是客观存在的,这个群体在班内往往是受歧视、受嘲笑或不受重视的对象。而且弱势学生群体往往是整个班级文化的排斥者,他们的优点大家看不到,他们的缺点却被他人用来作为伤害他们的武器。时间长了,他们就会游离在班级文化之外,或多或少也存在着诸如自卑、自暴自弃等心理问题。

作为班主任要重视对这个群体的教育和引导。一方面要让弱势群体(学生)正确认识自己,先从改变自己做起;一方面要通过各种方式挖掘处于弱势地位的学生的长处,树立他们的自信;另一方面要注意班级文化建设,努力把班集体营造成一个互相宽容、互相帮助的和谐班集体,让弱势群体少受一点冷落,少受一点嘲笑。发挥班集体的力量,让其他同学主动去关心帮助弱势群体,让弱势群体在班集体大家庭中感受到温暖,从而减少他们的孤独感,从自我的世界中走出来,主动融入到班集体中。

 **知识链接**

①**从众效应**:是指当个体受到群体的影响(引导或施加的压力),会怀疑并改变自己的观点、判断和行为,朝着与群体大多数人一致的方向变化。也可以说是,个体受到群体的影响而怀疑、改变自己的观点、判断和行为等,以和他人保持一致。也就是通常人们所说的"随大流"。

②**首因效应**：即人与人第一次交往中给人留下的印象，在对方的头脑中形成并占据着主导地位的效应。首因效应也叫首次效应、优先效应或第一印象效应。它是指当人们第一次与某物或某人相接触时会留下深刻印象，个体在社会认知过程中，通过"第一印象"最先输入的信息对客体以后的认知产生的影响作用。第一印象作用最强，持续的时间也长，比以后得到的信息对于事物整个印象产生的作用更强。

学生也要面子

今年教的这个班男同学占了三分之二,尤其是脾气倔强的男孩子居多,而且还有几个女孩儿也不省心。如何搞好班级的日常工作,处理好偶发事件,让他们信服我这个班主任,这些问题一直萦绕在我心头。

1

一天上课,小明无意中与好朋友小峰发生了矛盾,一怒之下,竟然把小峰的书包扔到了底楼草地上。几个同学匆匆跑来报告,我冲进教室,不问理由,命令小明去把书包捡回来。谁知,人高马大的他把头一扬,脸朝墙壁,根本不理会我的命令,任凭我怎么说,嗓门怎么大,都无济于事,气得我够呛。无可奈何的我不知该怎么办,就准备动用班主任杀手锏:把家长叫来。就在我拿起电话的瞬间,我还是先冷静了下来,心想如果我这样做会造成怎样的后果呢?……

于是,我改变了主意。我返身回到教室,走到他身边,轻轻地说了一句:"老师真不忍心因为这件事儿打扰你的爸爸,这样吧,还是我帮你去把书包拿上来吧!"说完,我转身走向楼梯,没想到他跑得比我还快,就这样,一件尴尬的难事儿在让步下解决了。

2

在一次数学期末测试中小超考了个不及格。数学老师希望我和他爸爸联系一下,想想办法。我问了他爸爸的手机号码,正准备打电话时,他闯进办公室,苦苦哀求:"老师,别让我的父母知道,等我下次考到好成绩,再告诉他们吧!"我没有吱声,觉得很为难,一位是同事,一个是学生,该怎么办?他见我没表态,站在办公室不愿意离去,并重复着刚才的话。"好吧,那看你的行动,下次进步了再告诉你父母。"就这样,他满意地离开了。在接下来的一段时间内,小超也用实际行动向我证明了他的努力。

3

班里有一个女生小芳,早上到校经常迟到,每次批评、教育她,她都承认迟到是不对的,并保证下次决不再迟到,似乎"心悦诚服"了。但我知道,她对自己迟到的不良行为早已习以为常,老师的教育批评她也习惯了,已陷入"迟到—挨批评—再迟到"的恶性循环中,因此她的承诺可信度很低。

果然,第二天小芳又迟到。这一次我意识到用老办法是不会奏效的。我决定暂时不去找她,更不批评她,静观其变。我从窗外看到她坐在位子上东张西望,似乎在看老师注意到她迟到了没有,神情诚惶诚恐的。她发现我站在窗外观察她时,我故意把视线移开,装作什么事儿也没有发生过。小芳好像明白了什么,把课本拿出来开始朗读,一切恢复正常。与往常不同的是,从此以后小芳很少迟到了。

在班级管理过程当中,时间久了,我就基本上摸清了学生的脾性。对于不同的学生采取不同的教育方式。尤其是对倔强的孩子,对犯了错的孩子,稍微改变一下教育方式,不当众揭学生的短,而是有意给学生一个台阶下,给学生留点面子,有时候却会有意想不到的教育效果。

2010年9月21日

主题品悟:尊重

学生是处于成长中的人,难免会出现这样那样的过失,有些学生的某些行为往往是下意识行为,只要不是原则性的大事,给学生一个台阶下,就是给学生一个自我认识、改正的机会。学生会从老师的宽容中感受到老师对他的爱护和人格的尊重。学生从获得这个尊重开始,就可能对自己的言行进行反省,实现"内心矛盾的斗争",这是一个从接受教育到自我教育的必然过程。"台阶"就是自我教育的契机。

给学生台阶下不是放弃不管,放任自流,而是充分洞察教育对象、掌握教育主动权、调整师生关系、寻找最佳教育时机的一种积极措施。这是一种使学生在"轻松"的心理状态下认识自我、改正错误的艺术。

人生也需要落选

这一周班级要竞选中队委员。同学们热情高涨,一个个自告奋勇上台演说。经过一番紧张的投票,班级小干部产生了,一阵热烈的掌声在班级里响起。猛然间,我发现小余同学的头垂得很低,脸涨得通红,手中的笔一个劲地在纸上戳。她是一个学习成绩好、自尊心很强的孩子,这回落选了,心里一定不好受。

课后,我把她叫到办公室。一进门,她居然哭了。我帮她擦去眼泪后,温和地问:"你是不是觉得自己表现不错,就一定能当选?"她伤心地点点头,说:"对!当上干部才能证明我是一个好学生。同学们会听我的话,爸爸妈妈也会更自豪!现在我的努力没有得到认可……"又是一阵呜咽。我听了,脑海中顿时闪现出刚才当选同学的骄傲、兴奋的眼神,心不由得抽了一下。

中午吃完饭走进教室,只见当选的小干部正颇有架势地管着班里的"淘气包",小余却一声不响地坐在座位上看书。看着这一切,我想,可得和同学们交流交流了。

上课铃声响了,我首先编了一个故事:一个同学当上小干部后,沾沾自喜,非常炫耀,非常得意,变得只会管别人,不会管自己,结果他的"官"被同学们罢免了……然后,我问学生听了这个故事有什么想法。这就自然引出讨论的话题:"当干部为了什么?""当上小干部,应该怎样做?"同学们由一开始的相互对视,到后来的纷纷举起手来。

"当班委,好朋友多,老师喜欢,爸爸妈妈开心,我自豪!"小峰第一个发言。我听了,刚想引导,小方一下站起来抢着说:"我有补充,当干部,更重要的是能给我锻炼的机会,我也会更严格要求自己。"这下可好,讨论更热烈了,大家争着发表自己的看法。

"当班委,能得到快乐,关心帮助同学,他进步了,我就很开心。"

"当上班委,如果你自鸣得意,没有进步,大家不会信任你;如果你管理班级,对同学很凶,大家不会服气。"

"当上班委,不是为了炫耀,是要成为老师的小助手,同学们的好伙伴,积极为大家服务。"

……

同学们真是可爱,在自己的感悟和相互鼓励下,把我想说的话都说了出来。见大家这样坦诚地交流,我乘势而上:"没有当上干部,能不能为大家服务呢?"

"我是集体的一个成员,我就应该关心集体的事情,关爱每一个同学,不管是不是班干部。"

"上次去上体育课,我发现班级里的灯没关,我不是班委,但我主动把灯关掉。"

"老师，能不能轮流当班干部，给更多同学一点机会？"

"虽然这次我落选了，但我从中得到了更多，我一定会更加努力的！"小余抬起头，自信地说。

……

讨论进行得热火朝天，同学们仿佛一下子长大了许多，懂得了许多。听着他们真诚、善良的话语，我倍感欣慰。孩子是一张张无瑕的白纸，我们当老师的要多引导他们在上面描绘出美好动人的图案，让他们找到属于自己的那幅画作……

2006年10月10日

主题品悟：鼓励

人生不总是一帆风顺的，总会遇到困难。孩子们也是一样。

在孩子的成长过程中，受社会、家庭、同伴等诸多因素的影响，会遇到许多问题，有时也会产生认识上的误区。这就需要我们及时抓住教育的契机，多鼓励孩子，让他们积极去面对，去亲身体验，学会勇敢地解决困难。在解决困难的过程中，要让他们认识到生活中挫折的存在是非常客观的，普遍的。当他们解决问题时，从中就会获得成功的经验，会激励他们今后勇于面对挫折。

落选是一种经历，也是一种成长。

"老师,我有点孤单!"

"老师,我有点孤单!"这是今天小轩在语文课堂上对我说的一句话。

课堂上,我有一个环节,学习课文之前我会让每个孩子自己自由朗读一遍课文,接着同桌合作朗读一遍,给孩子一个自主合作的空间,目的是想了解一下孩子的学习起点,便于接下来能较好把握我的教学进度和指导程度。

当我宣布了学习任务时,很多孩子都迫不及待地准备起来了。唯有小轩两眼看着我,说:"老师,我没有同桌。"

"那我和你一起读,我就当作你的同桌吧!"我很自然地对他说。过去有好几次我也是这么对他说的,他马上也配合着我一起读课文。可这次,小轩并没有急着张嘴,而是停了停,说:"老师,我有点孤单!"

听到这句话,我当时感到特别诧异,一点心理准备都没有,也没有想到他怎么会有这种感受。我也不知道该怎么安慰他，很快我们还是一起读完了课文。课还在继续，可小轩还是这样孤单地坐着。

小轩是班里个子较小的男孩儿之一，个子虽小，但"能量"不小。开学前的家访让我对他已经有了几分了解：生性好动，甚至有点顽劣，有时候不禁让我想到了花果山的小猴子，难以"驯服"。记得开学初的将近一个月里，他根本无法像其他小朋友那样安静地坐在位子上听课，有时候你在前边讲课，他已经钻到桌下尽情地玩着各种学具和文具。课间玩耍更是疯狂，在地上躺着、滚着，在走廊上连滚带爬，还不时与其他小朋友发生冲突，每日都有小朋友告他的状。有时候在其他老师的课堂上捣乱，严重影响课堂教学，我也接到不少老师的"投诉"，这让我很头疼，至今还没有找到好的办法教育他，家长也拿他没有办法。当然，这几个月来我也通过各种方式，多管齐下，共同教育，现在的情况好多了，但小轩的学习状况还是波动得很厉害，毕竟他的心智要成熟还是需要时日的。

开学一段时间，我和学科老师商议后，决定给他设立一个"特殊座位"，让他单独坐在讲台旁边，看看效果是不是会好一些。经过实践，的确会好一些，至少离老师的监管区近了一些，他捣乱的机会少了很多，同时也避免他对其他孩子产生影响。表面上看效果是有的，但今天他说自己有点孤单的时候，我在想这样的做法是否妥当。

不知从何时起，在很多学校、很多班级都设有专供像小轩这样调皮孩子的特殊"专座"，高年级有，中年级有，低年级也有。只不过有的在讲台旁，有的干脆就在教室的角落里。有的是一张，有的不止一张。通常情况下坐在这里的都是老师眼中的捣乱学生，或者是成绩不好的孩子。他们通常都是老师指定的,但是人有时候不是很固定,有时会经常更换。如果你去问老师,为什么要在这里安排这样一个或者两个学生,通常会得到这样的回答:"这个同学纪律性太差,坐在原座位会影响其他同学上课的"、"这个同学学习不自觉,坐在这里老师能照顾到他"……而大多数教师认为这是理所当然的事情,都习以为常了,自己似乎也不例外。

有时候也觉得,个别学生对于班规与校规没有敬畏之心,如果不采取措施管教一下,不仅对孩子自身学习习惯的养成不利,而且还会影响教室纪律。因此,设立特殊座位进行特殊教育一番,似乎也有其合理性,但从孩子身心健康发展的角度考虑又是不合理的。

不管老师主观上多么认为这样安排座位是对这个孩子好,但这首先给他烙上了深深的烙印:我是一个坏孩子(笨学生)。虽然暂时他没有这样的感觉,但时间久了,就会强化这样的意识,需要引起注意。我们如果过早地给孩子定了性,这对于孩子未来的发展是非常不利的。其次,就像小轩一样,在课堂上找不到自己的合作伙伴,鲜有小朋友与他交流,学习情绪还是会受到影响的,这对于他的学习也是没有帮助的,或许从另一个角度讲,也剥夺了他参与学习的权利了。

看来,教育中的某些细节不得不引起关注,需要我们及时改进,寻找更为合适的教育方式。

2015年1月23日

 **主题品悟：关注**

当班主任，就免不了要面对班里的一些特殊学生，而对这些学生的管理是班级管理的一个重要组成部分。调皮学生之所以调皮，不外乎社会、家长等因素。如果能教育好这些学生，班集体建设就能较快地上一个新台阶，对于学生个体而言，他也能得到更好的发展。

往往在我们的潜意识里多多少少都会对这些特殊孩子有偏见和冷落，对这些学生的教育，要耐心，要仔细，要坚持。要积极地去引导他们与班级共同进步发展，要为他们营造宽松愉悦的成长环境，用特别的爱去关注他们，为他们撑起一片小小的天地。

给孩子多留点玩的时间

这一周来,发现部分孩子上课有时候注意力总是不太集中,或许快到了复习阶段,孩子们的作业量也会慢慢多起来,上课的压力肯定也会增大,毕竟还要应付期末考试嘛!我自己也一样,有意无意间也会向孩子们传递这样的信息,只有如何如何努力才会取得如何如何的成绩。当老师的自然都会有这样的想法,也很正常。

有时候下课铃声一响,一些孩子似乎立刻变得生龙活虎起来,有的还没等我宣布下课就开始蠢蠢欲动了。到了课间嘛,看看孩子们有的立马集中在后面的大桌上趁着十分钟的间隙"杀"一盘象棋,可还没走几步,上课铃声就响了,脸上积满失望的表情。

有的孩子抱着足球正想冲到下边去踢上几脚,可刚出教室门口就被老师叫住了:"你的作业还没补完呢……"自然失望而归。

有一次,我看到小林和小吴靠在椅子上,跷起二郎腿,将一张《东南商报》铺开,那架势有点像领导,对着报纸上的新闻指指点点,看得那么投入。我走过去随意问了一句:"你们的作业写完了吗?"话音未落,他们赶紧收起报纸,佯装学习。

还有的孩子低着头,将藏在课桌里的小小漫画口袋书掏出来,抓紧时间翻上几页,因为他们知道这样的书老师并不赞同他们看,虽然我没有明令禁止,但孩子们也心知肚明,只能暗地里偷瞄几眼了。我自然假装没看见。

有的孩子认真一点,大大方方地将《水浒传》《三国演义》《贝多芬传》摆在桌面上,看得津津有味,他们也知道,这类书是老师提倡要多看的,所以也就无所顾忌了。

有的女生凑在一起,也不知道在聊些什么,看上去却十分开心。

……

这就是孩子们的生活百态,很真实也很丰富。有时候想来自己的行为却有些苛刻。在教育学生的过程中,有了太多的"行"与"不行"的准则,对孩子提出了这样或那样的要求。如果我们放低身段,站在儿童的立场和角色上来看待这些孩子的话,我们会更多一些理解和包容。在他们身上所反映出来的恰恰是孩子最本真的一面,而我们有时候却会有意无意地让他们失去原本属于他们的色彩,限制他们的活动。在我们的脑海当中永远占据上风的就是"学习学习学习",很少会去考虑孩子的世界应该是怎样的。

我总感觉,如今的孩子活得太累,也太可怜。他们大多未到上学年龄,便被送进学前班,接受学前教育。待到上学后,他们就背着一个大大的书包,就像蜗牛背着重重的壳一步一步往上爬,压得他们喘不过气来。每次上完四十分钟的课,学生们好不容易盼来下课十分钟,总以为可以放松一下,但有的老师又是拖课,又是布置作业,以至于他们连去趟厕所也是来去匆匆。渐渐地,孩子们连玩的时间都没有了,玩的权利被无形剥夺了。比起现在的孩子,我们的儿时,好像什么都缺,唯一不缺的就是玩。滚铁圈、跳房子、打纸板、捏泥巴等等,乃至现在回忆起来,是那样开心,那样幸福。

今天看到著名作家毕飞宇在一次读书活动中说的一些话,我觉得特别有道理。少年时期的毕飞宇一直生活在乡村,每天有大段大段的时间处于孤独中,不知道该做些什么,而唯一剩下来能做的事情就是瞎琢磨、瞎想、瞎走神。他说:"在我成长经历中有一件事,你们这一生可能都无法体验。"他表示,现在的孩子学习压力大,尤其到了中学,学生每天走神的时间不超过10分钟。他建议,一个孩子,一定要给自己一块遐想的空间,永远要有一颗求索的心,多想想那些不靠谱的事情。在他看来,不是所有有用的事情才最有价值,更多的时候,支撑一个人精神气质的往往是一些看上去无用的东西。

所以看看我们的孩子,从一年级甚至幼儿园开始,老师就教育每个孩子上课时注意力要集中,要坐端正,把手放在后边。有的老师还请同学互相监督,互相评比,研究各式各样的方法让学生不走神。而我认为有时候走神恰恰是孩子天性的表露。回想自己小时候上学的那会儿,不也会经常上课想东想西吗?

在他的观点中,我读到的不仅仅是走神的问题,不是说我们对学生的走神视而不见,而更多的是教师的教育理念问题。我们现在都提倡"以生为本",培养学生的自主学习能力,培养学生的创新实践能力。试问一下我们的孩子有没有自主的空间和时间,有没有玩的空间和时间,有没有让他产生创新想法的条件呢?

试想一下,一个孩子如果连玩都不会了,他还能做些什么呢?通过玩,孩子知道自己如何独立处理问题了,而不是遇到任何事都去告诉老师;通过玩,孩子知道怎样处理好矛盾了,而不是用暴力解决;通过玩,孩子知道怎样和朋友友好相处了,而不是当"小皇帝"。玩能培养孩子的各种能力。

我想,在今后的班级管理中应当更加关注孩子的心灵世界,站在孩子的立场上看待他们的行为,多让他们想点儿"不靠谱"的事儿,做点儿"不靠谱"的事儿,多留点儿时间让学生"玩"吧!

2012年1月14日

 **主题品悟:玩**

有人说,现在的孩子真的没时间"玩",也不会"玩"了。原因何在?苏霍姆林斯基的一个观点恰好能说明问题的根源所在:"不能把小孩子的精神世界变成单纯学习知识。如果我们力求使儿童的全部精神力量都专注到功课上去,他的生活就会变得不堪忍受,他不仅应该是一个学生,而且首先应该是一个有多方面兴趣、要求和愿望的人。"

玩是孩子的天性,也是人的一种本性。以生为本,不应该局限于课堂内,学生不光在课内能擅长学习。我们要明白:有的学生有运动天赋,将来可能成为刘翔、姚明;有的学生有书画天赋,将来可能成为王羲之、齐白石;有的学生有音乐天赋,将来可能成为冼星海、聂耳;有的学生有文学天赋,将来可能成为茅盾、鲁迅。玩是锻炼,玩也能玩出智慧,玩还可以培养孩子的社交能力。教会学生"玩转"课外时间,反过来也能促进他们学习的发展。

多给孩子一点"玩"的时间,给学生一双"玩"的翅膀,让他们玩出健康,玩出快乐,玩出机敏,玩出智慧。让他们在快乐中成长,在快乐中学习,在快乐中体验人生。

学生"告状"也是一种教育资源

这几天,动不动就有学生跑到办公室,有的向我报告昨天值日谁又逃走了,有的向我诉说寝室里的遭遇,还有的向我汇报谁的作业没交等等。来到教室,也免不了遇到这样的情景,早读课哪个小组又不认真了,午间自习谁谁谁又讲话了等等。特别是小晔这孩子,几乎每天都要向我说点啥,而且总有点打抱不平,有时候还义愤填膺的。哎呀,有时候还真是烦透了,净没什么好事儿,如果有什么喜讯来汇报一下,心情或许会好一点。不知怎么的,最近孩子们老喜欢告状,都五年级了还这样,这不跟一二年级的小朋友一样了嘛。

有一两次,我也进行了冷处理,不理睬这些鸡毛蒜皮的事儿,有时候也当场训斥,压了压犯错孩子的气焰。本以为暂时解决了问题,可告状之风还是愈演愈烈。

看到一篇报道,说某某学校一位老师因为被学生的告状烦透了,居然想到让那些告状的孩子在门口罚站,以示警告。还有的老师为了图个清静,简单了事,把"原告"和"被告"统统叫来,然后狠狠地训斥一顿,这样就算完事了……细细一想,这根本就不是解决问题的办法。

换个角度想,小孩儿毕竟是小孩儿,虽然这些事儿对于我们成人来说并不算大,但对于孩子来说,说不定就是一件重大的事件了。就比如那天学生小圆跑到我跟前,说上午学校发给她的饼干点心不见了,想要我处理一下。当时我就急了,教育了她一通:"好家伙,就知道贪吃,一包小点心不吃又会怎样?这么斤斤计较,学习上有这么较劲就好了。"草草了事以后,看着她失落地走出办公室,我又觉得有点不近人情吧。后来仔细想了想,学生为什么来告状?一定是有其原因的,我们又该如何正确处理呢?

第一,孩子认为自己在同学当中受了委屈,需要老师帮助解决,所以才来告状。从另一个角度看,这也正是孩子对老师的一种信任。那么我们教师就应该对那些确实受了委屈而又没有能力"反抗"的学生进行必要的帮助。同时,也要让他们感受到师爱的温暖。就像前文提及的学生小圆一样,她的确是遇到了委屈,点心不见了,又无力解决,后来我发现有几个孩子就喜欢拿别人的点心,遇到好吃的,就多吃点,结果就落到了小圆的身上。时间长了,她自己无法解决,难怪来向我求助了。这其实也是孩子对自己的小小的信任吧,有时候师生融洽的关系不正是这样一点一滴建立起来的吗?

第二,孩子认为班级中有某些不好的现象,并对其持反对观点,但其他同学又不听他的劝告,需要教师支持的,我们老师应该引起重视,不论大事小事,都要实地调查并进行解决,因为这是班级管理的原则问题。近来几个班委遇到难题,经常来请求我的帮助,原因就在于此,作为班主任,我们的帮助也会成为孩子前进的动力。

第三,有些孩子特别想引起老师的注意,尤其是希望得到老师的表扬而前来告状的。这类学生要么表现欲很强,要么常常被老师忽视,因而他就想借一些小事来告状以引起老师的注意。这样的现象也非常多,倒蛮有意思的。有两个孩子每次看到我总是躲躲闪闪,欲言又止,一次交谈中才知道,他们很想跟我说说班里最近发生的事情,其实还是小事儿,原来是对老师安排的座位有意见。我鼓励他们遇到任何事一定要大胆地与老师交流,说出心里的想法,后来他们也就释然了。

第四,希望与自己不友好的人或自己妒忌的人倒霉。这类学生"告状"时往往夸大其词,以引起教师对"被告"的恼怒,自己则幸灾乐祸。这样的告状就要冷静对待了,特别到了高年级,学生的利益观念更强了,往往会有这样的不良心理,如果教师不能敏锐洞察,就会让孩子形成不健康的竞争心理,也不利于班级正面舆论的形成。

由此可见,孩子们告状多是小事,但我们应该认真对待,首先要了解事情的真相,进行实地调查取证,切不可敷衍了事,要多听听其他同学的说法,再根据事情的大小做出恰当的处理。

这段时间"告状"频发,我也想到了另一个原因,就是这个阶段在班级里开展小组合作学习以来,进行了多项评比活动,多是以学生互评和小组捆绑评价来进行,而且每周都要排名并在班刊《成长的色彩》上公布,难怪一些孩子这么计较。联系一些孩子的"诉状"来看,这或许就是引发学生纷纷告状的主要原因了。的确如此,孩子们都希望自己或自己所在的团队能得到老师的认可,得到更多的分数,自然就会千方百计地去寻找他人的不足,这本身并没有问题,但另一方面却有想办法隐藏自身的问题,这就是评价当中很容易出现的问题,还需要老师进行引导,教会他们以客观的心态去认识和评判周围的人和事,培养他们的正义感。

2010年12月3日

 **主题品悟:告状**

小学生的世界观、人生观、审美观和价值观尚未形成,"告状"现象只是儿童心理异常的外部表现,是社会情感不成熟的体现。

孩子爱告状也是他们心理发展过程中必定出现的一种现象,同时对教师来说,绝不是多余的小事,它意味着学生道德评价观念的形成和发展。教师应热情扶持、精心培育,不断地促进孩子独立道德评价能力的发展。换句话说,学生的告状有时候也是班级管理的推进剂,是班级管理中一种积极的教育资源。我们不可能天天待在教室里,对班级里发生的事情也不一定都了解,学生的告状有时候却能为我们打开另一扇窗,从而进入学生的世界。而我们要做的就是教会学生如何对待发生的事儿,教会他们如何科学"告状",不是一堵了之。

当然,教师还应根据实际情况,掌握学生告状的心理活动变化规律,区分其实质,进行相应的心理矫治与调控。

请与孩子一同站在阳光下

　　玩笑之余,我们是不是也该思考这样一个问题:在教育中,师生真正平等吗?孩子的眼睛绝对是雪亮的,他们能明辨是非,只不过年纪小不敢言表而已。他们的心里难道就不会想:"老师为什么就站在树下乘凉,还聊天? 有什么资格对我们指手画脚的。"

在选择中学会选择

按照惯例,学校教科处都会在开学第一周下发一个通知,要求各班主任指导班里每个学生选择参加一项学校开设的兴趣活动课(简称"趣活班"或"趣活课"),做好报名工作。

对班级孩子的兴趣爱好有时候的确不是很了解,更何况是一个新接手的班级,但这并不影响班级的报名工作。根据我以往的经验,这项活动一定是让学生自主完成的。既然是兴趣活动课,自然是学生自己的事儿,每个学生的兴趣爱好都不同,喜欢什么就报什么,全凭孩子的兴趣来定,我只要统计一下就可以。可是,本来一件很简单的事情,却让我颇费周折。

我拿着通知单和报名表格来到班级,先给学生宣讲一下兴趣课开设科目和报名等有关事项,然后宣布:"下面请同学们到自己喜欢的兴趣课培训教室参加面试,选择自己最喜欢的一项回来告诉我吧!"话音刚落,同学们一阵欢呼:"总算可以自己报名啦!"然后就直奔出教室。一阵雀跃之后,我发现有一部分学生却按兵不动,脸上似乎写满茫然,刚才的欣喜荡然无存,这让我很纳闷。

我催促道:"你们怎么还不赶快去呀?如果自己喜欢的兴趣班名额满了就来不及了!"

有几个孩子跑到我跟前说:"老师,我不知道我喜欢什么呀!"我好奇地问道:"你们自己平时喜欢做什么,你们自己都不知道吗?"

他们使劲摇摇头。其中一个孩子说:"以前都是老师帮我们报好的,我们听老师的安排。我们几个报的是作文班,还有很多同学参加的是英语和奥数班。"

"那不是还有其他班的嘛!"

"我们都没有参加过其他兴趣班,老师不让去。"他们满脸无奈的样子。

我心里有点明白了。"那这样吧!你们可以对照报名表,先商量一下,看看哪一项适合自己,先去尝试一下,实在不行,我再帮你们想办法,这样总可以了吧?"

他们议论了一会儿,便三五结伴走出教室。可惜,到了报名结束还有两个孩子找不到喜欢的项目,只能由我代劳了。

看着他们对待这样的事情居然手足无措的样子,实在有点遗憾。这也让我想到了一个话题:孩子不会选择谁之过?

其实,这不是孩子的错。孩子选择能力的缺失,选择意识的淡薄,恰恰反映了教育过程中的弊病:我们的教育包办过多,专制太多,扼杀了孩子选择的能力,剥夺了孩子选择的权利。

每个孩子天生就具有差异性,也正因为差异,人与人之间的生活才显得丰富多彩。开设兴趣课正好是顺应了孩子的天性,关注人的差异性,培养具有个性化特长的学生。然而,在学校里,有的教师把学生一开始对兴趣课很稚嫩的选择,视为学生不会选择的依据,当成拒绝学生继续选择的理由。于是,校园里的"大锅"只能一直热炒着一人一份的"萝卜"、"白菜","大锅"里装的还是教师自己的那份"饭菜"。同时这也反映了教师的功利心理,兴趣远比不上分数那么重要。

看似小事儿,但影响深远。其实这就和孩子学走路一样,这个世界上几乎没有一个孩子初学走路不跌跟头,但如果我们因此就断定孩子没有走路的能力,永远也不敢放手让他独自学习走路,那么我们的孩子可能永远只会爬行。

正如那几个孩子说的那样,"老师都替我们选择好了",我想这样的结果,势必有一天当孩子们不得不直面社会的时候,面对着机会,他们并没有做好选择的准备,表现出更多的是困惑和不知所措。

再者,选择常常是和责任连在一起的,当孩子有了自主选择的权利时,他才会全力以赴,他才能披荆斩棘。在选择中学会选择,在选择中形成能力,这也是一种自主学习。

人生就是不断选择的结果。不会选择,或者没有正确的选择,就不可能有成功的人生。任何一个人,他随时都会站在一个又一个十字路口。可是,我们的孩子却常常四顾茫然。

想一想我们的教育,想一想我们的学校吧,孩子们能够自己选择的空间,到底还有多少?课程无须选择,爱好无须选择,甚至课外活动要干什么有时还备受干涉。我们的孩子今后要面对的是一个复杂、多元的社会,他们必须通过选择方能找到通往未来的道路,可是,自始至终,我们的教育却并没有给他们这样一些历练的机会。

我们的教育,应放开一些。因为,选择只有在选择的过程中才能学会。

2012年9月11日

 **主题品悟:独立**

在教育学生的过程中,我们要重视培养学生的独立性行为。

刘墉在教育孩子的过程中也感受到:"以前我对儿子的事都安排得面面俱到,但后来我发现这其实培养了孩子做事不负责任的习惯,而我们的过度包办也让孩子不懂得珍惜。"要让孩子自己选择去做他喜欢的事情,把选择权给孩子,让孩子成为自己的主人,让他们自己有一块自由发挥的天地。不要用太多规矩限制孩子的自由,更不要以老师的意志代替学生的意愿。不要过多插手学生的"事务",剥夺学生自己的选择权,让学生无条件服从自己。如果孩子处处都相信了你的说教和选择,他很可能失去判断力,同时还会丧失责任感和自信。

善待学生的提问

暑假已快过半,昨天在外办事,学生小潘从家里特意打来一个电话给我,很郑重地问了我一个问题:"老师,你觉得迷信和风水该怎么区别呀?"第一次听到这样奇怪的问题,我一时摸不着头脑。但为了能更好地回答这个问题,我还是借机让她把问题再重复一遍。身边有事情要处理,如果以一个模糊的回答搪塞学生显然是不妥的,于是我交代她可以先去查阅一下字典或网络,再问问家长,看能否找到答案,等我办好事情想好了再给她回复。

一天下来,我心里一直没有忘记小潘的问题。其实作为老师在教育教学过程中经常会面临学生的提问,有时很难以完满的答案予以解决,有的老师会用"缓兵之计"(经常会跟学生说"等课后我们再讨论"之类的话语),这倒不要紧,因为谁也不能保证对孩子提出的每个问题都能很正确地回答,况且现今的孩子也是"见多识广",他们获取的信息量不一定会比你少。关键在于我们如何对待

辑二　请与孩子一同站在阳光下

学生在这种情境下的提问,是不是在"缓兵"之后一定要记得给学生提供有用的"一计"呢?

关于学生提问的有趣的例子有很多:

某老师在上《马背上的小红军》时,一个学生突然提问:"老师,他们把自己身上的皮带都煮了吃了,那裤子没有皮带不就掉下来了吗?"老师说:"这个问题跟课文没有关系,下课再说吧!"

一位教师在执教《早发白帝城》一诗时,他让学生自由提问,结果学生提出了以下的问题:李白写了多少首诗?李白的酒量有多大?李白有儿子吗?李白死在什么地方?江陵在什么地方?那位老师根本没想到学生竟会提出这么多问题。有些问题他根本无法应付。

一位教师执教《塞翁失马》一课,一个学生站起来问道:"塞翁失的马是公的还是母的?"

当然,以上是比较特殊的问题,况且里边有些问题的价值性也是值得商榷的,但这就是学生的真实问题。面对学生这样的提问我们该如何对待?这才是我们首先要思考的问题。就像"风水和迷信有什么区别"这个问题岂能是用一两句话讲清楚的,而且这样的问题对学习和完成作业究竟有多大的用处呢?我完全可以说"这个问题说不清楚的,以后你就慢慢会懂的",这样的回答虽然把学生给"打发"了,但后果会如何呢?估计学生以后绝对不会再向你请教了。

回到家里,我也查阅了一些资料,整理了一下思绪,还是很认真地给学生以答复。今天打开电脑,刚好她的QQ也在线(我经常用这种方式为学生解答问题的),问候之余,我问她对昨天的问题考虑得怎么样了。这孩子也的确想了办法,解决了"迷信"的问题,但对于"风水"还是不太明白。于是,我把"迷信"和"风水"它们既相同又不同的地方,通过一些生活中的事例向她解释了一番,让她对这两个概念有了较为清晰的理解,并引导她在生活当中多用科学的眼光去看待问题。她对我的回答表示满意,我也对她针对出现的问题能及时提出予以表扬,并鼓励她在今后的学习生活中能多学多问,保持一颗好奇之心。

这件事情虽然很小,但我为什么较为重视呢?这其实也是教育过程中的细节问题。

学生在假期能打电话给你并请求帮助,说明孩子是非常信任你的,她渴望得到你的帮助。虽然问题有点偏离正常教学了,但不要紧,我想这也是拉近师生关系的一个很好的途径。所以,我们要正确对待并重视孩子提出来的每一个问题,而且要放在心上,并想办法为她解决。

这使我想到心理学中说的:"暗示在本质上,是人的情感和观念,会不同程度地受到别人下意识的影响。"人们会不自觉地接受自己喜欢、钦佩、信任和崇拜的人的影响和暗示。在不被重视和激励的环境中,人往往会受到负面信息的左右,对自己做比较低的评价。而在充满信任和赞赏的环境中,人则容易受到启发和鼓励,往更好的方向努力,随着心态的改变,行动也越来越积极,最终得到更好的成绩。

这是从心理学的角度来解释师生关系的,但它又实实在在地存在于我们的教学生活当中。同理,当学生遇到问题的时候(无论是课堂上还是课堂外),如果找到了我,那么第一反应绝对不能是不耐烦或者敷衍式回答。尤其是小学生,我们对他们一点一滴的关注和肯定会让他们对学习产生更大的兴趣,更加自信。

我想,这应该也是我们追求的师生和谐相处的模式。

2013年7月29日

 **主题品悟:善待**

教师不只是一份职业,它是联系人与人之间的工作。教师不单单存在于校园里、课堂上,更重要的是要为学生的生活服务,更应该成为学生生活中的朋友和助手。

人自来到这个世界上,对各种事物都有浓厚的兴趣,对什么都感到新鲜,有强烈的好奇心和求知欲,表现出对知识的渴望、追求和对新鲜事物的探索。对于小学生来说这一点尤为明显。而学生往往会将自己在对外部世界的探索中遇到的困惑,首先求助于我们教师,有的甚至是一些在我们看来无关紧要的问题,但我们要善待学生的提问,即使是很简单甚至没有讨论价值的问题,我们也不能轻易置之不理,更不能粗暴地拒绝,简单地敷衍,最后不了了之。

教师只有善待学生的提问,学生才敢提问,才爱提问。当然在这期间,学生也会对我们更多一份期待和尊敬。

林校长的电话

晚上坐在电脑前写点东西,突然,电话铃声响起,一看是林校长的号码,心里难免有点纳闷:"林校长这么忙怎么会打电话给我呢?一定是有什么事情吧!"

"叶老师你好!想问你一件事情,小玮同学原来是你班上的学生吗?"校长问道。

"是的。"

"他现在上七年级,因为与同学之间发生了经济纠纷,翻墙逃出校园了。"

"还有这回事儿?"我感到很震惊,简直不可想象。

"他向很多同学借钱,有的还是借了高利贷,现在偿还不起。据说他在小学阶段就带过大额钞票到学校与同学做'交易',最多的时候带了两万多块钱,现在问题爆发出来了。你了解他读小学的时候有没有发生这样的情况?或者有这方面的行为倾向吗?"

辑二 请与孩子一同站在阳光下

这也太让我意外了,小学生居然能干出这等事儿,还高利贷?!

"啊?我还真没太注意这个问题,只是发现他有带零钱买零食之类的,当时也没往这方面想。"

"嗯,那你可能疏忽了呀!"

……

挂上电话,心里很不平静,居然能发生这样的事情。

我知道校长的询问其实也是一种善意的批评吧!我这个做班主任的深感不安。虽然现在小玮已经升学,不在我的班里了,但他毕竟给学校造成了不小的麻烦,他曾是我的学生,我必须要好好反思这件事儿。

坐在电脑桌前,这孩子的模样又浮现在我的眼前:小玮是一个非常内向的孩子,长得很瘦小,平时遇到老师也很腼腆,不太爱说话,有时候与他交流,问一句答一句的。学习成绩不太出众,喜欢体育,给人感觉还蛮稳重。只是平时喜欢讲哥儿们义气,喜欢在大家面前炫耀自己的家庭背景。无论如何,金钱交易这种事儿也与他搭不上边儿呀!

可事实就是如此。校长的那句话还在耳畔:"那你可能疏忽了呀!"是啊!任何事情的发生都有着一定的因果,我不能想当然为某个人某件事定性。

我继续回忆着:在我班里的时候,这孩子比较喜欢吃零食,有时候会从家里带一些好吃的到教室,也会与别人分享。因为这违反了学校"六不规定",经过批评教育后,他便很少带零食了。后来倒是听班级学生提起过,小玮有时候会向其他班级的孩子买一些吃的，或者玩的。当时也没太在意，认为那是小孩儿闹着玩儿的。后来有一次他带了一部PSP游戏机到学校，我发现后将他叫来询问，得知这部游戏机是他花了一千多元买的。钱是他自己过年的零花钱，家长也是同意的。我觉得可以理解，现在的孩子家庭条件都很好，也不在乎这些钱，所以，当时我只是对他进行严厉的批评教育，然后将游戏机没收存放。

记得在几年前学校兴趣活动报名的时候，小玮加入了车模小组，因为买材料、零件等一些器材需要一些钱，他从口袋里拿出一小叠钞票准备去购买，这让我着实吓了一跳。经过询问，是因为车模班要购买性能好的车子参加市里的比赛。我也向科学老师求证过，的确有这么回事。当时我并不放心，也打电话询问了他的家长，情况基本属实。但据我了解，这孩子平时喜欢在同学面前炫耀自己，包括自己的消费观念，还有巨额零花钱等等。我想这是孩子的家庭事务，家长愿意让孩子生活得更好一些，自然可以理解，也没有深究。没想到这孩子后来居然发生了这么严重的事情。

现在看来我当时的想法的确是欠考虑的。我忽视了孩子在一次次消费的过程中，其正确的金钱观被日渐淡化了，或许正是自己的一次次疏忽才导致今日事态的越发严重。原来事态一直在隐性发展着。想到这里，我心里更加不安了，当然后悔也无济于事。

这件事情发生之后，我常常告诫自己：班主任工作还需要多留一个"心眼儿"，多一颗敏感洞察之心。

2011年11月8日

 **主题品悟:敏感性**

西方流传着一首民谣:丢失了一个钉子,损坏了一只蹄铁;坏了一只蹄铁,折了一匹战马;折了一匹战马,伤了一位骑士;伤了一位骑士,输了一场战斗;输了一场战斗,亡了一个帝国。

莫以善小而不为,莫以恶小而为之,这就是教育领域中的"蝴蝶效应"①。

班主任管理的是一群活生生的每天都在成长着的人,家庭背景的不同和社会各方面的影响,时时刻刻在冲击着我们的学生,外界的一点一滴在不经意间改变着孩子们的内心世界。而他们的一些消极行为如果没有人去及时提醒,日积月累,就会变成无法挽救的心灵漏洞。

因此,班主任在工作上要有高度的职业敏感性,要练就一双慧眼,对班级中发生的每一次偶然事件保持敏感,及时清除教育事件中可能存在的"蚁穴"。在工作中去仔细地观察学生的举动,倾听学生的心声,及时发现学生的行为轨迹和心理变化,能对班级问题及时进行防范或化解,把问题解决在萌芽状态,防患于未然,这样才能让孩子更加健康地成长。

 **知识链接**

①**蝴蝶效应**:蝴蝶效应是气象学家洛伦兹1963年提出来的:一只南美洲亚马孙河流域热带雨林中的蝴蝶,扇动几下翅膀,可能在两周后引起美国德克萨斯一场龙卷风。其原因在于:蝴蝶翅膀的

运动,导致其身边的空气系统发生变化,并引起微弱气流的产生,而微弱气流的产生又会引起它四周空气或其他系统产生相应的变化,由此引起连锁反应,最终导致其他系统的极大变化。此效应说明,事物发展的结果,对初始条件具有极为敏感的依赖性,初始条件的极小偏差,将会引起结果的极大差异。

请与孩子一同站在阳光下

在校园的集会或课间操时间,经常会有这样一幕场景:

夏日的阳光到了九点以后逐渐发威,热辣地炙烤着大地,此时也是课间操时间,孩子们排着整齐的队伍,齐刷刷地站在太阳底下。一套广播操做下来,有的孩子早已满头是汗,有的校服衬衫已经浸湿,孩子们不停地用手掌去遮挡阳光,擦脸上的汗水,有的不停地抖着胸前的衣服,因为汗水已经让衣服贴在皮肤上了。班主任老师在这段时间里一般都是跟着学生队伍的,因为炎热的原因,有的老师站在树荫下,用声音指挥着班级队形,提醒操做得不好的孩子;有的聚在一起聊天,给人有点纳凉的感觉。

看到这样的对比场景,我突然在想:孩子们该有多辛苦呀!他们为何要承受热辣之苦,而我们却享阴凉之快呢?或许这样去比较总有点牵强,因为没有可比性。有的老师会说:"学生锻炼身体就是应该的嘛!晒晒太阳,也是一种磨炼,未尝不可?"

前些天在办公室里，一位同事的女儿在学校开学初军训后写的一篇文章里谈到这个问题，孩子长大了，似乎也敢于表达自己对事件的看法。那篇文章是写有关军训后的体会的："军训的滋味可不是那些在场外撑着遮阳伞、戴着墨镜在闲聊的老师能体会到的……"后边写了一些充满批判性的文字。她的老师们看完后，在这样的场合再也没人会撑着太阳伞戴着墨镜了。我们开玩笑说，还挺有效果的，这孩子还有点鲁迅的风骨！

玩笑之余，我们是不是也该思考这样一个问题：在教育中，师生真正平等吗？孩子的眼睛绝对是雪亮的，他们能明辨是非，只不过年纪小的不敢言表而已。他们的心里难道就不会想："老师为什么就站在树下乘凉，还聊天？有什么资格对我们指手画脚的。"

从这个小事延伸开去，我们在教育管理的过程中，师生关系很多时候是不平等的。这里所说的师生关系倒不是什么主仆关系，我让你干什么你就得干什么，不是这个意思。准确地说，是师生之间的管理关系不平等。

比如，最典型的就是像上面的场景，老师一味要求学生要做到哪些行为规范，而教师自己根本没有做到。这是最经常发生的事情。校园里，地上有纸屑垃圾怎么办？我们就会教育学生说，要做一个文明的孩子，碰到垃圾要伸伸手，弯弯腰。但真正到了教师这里，却鲜有示范作用，没有示范带头，就意味着平等地位的缺失。

还有，教师教育学生要守时守信，书写要规范美观，碰到师长要主动问好等等。而教师自己有时候却轻易上课迟到，而且从不道歉。板书龙飞凤舞，让学生看不明白。学生要主动向教师问好，教师为什么就不可以主动向学生问好呢?

而当这一切发生或经常发生之后,会产生什么效应呢?学生不知道人与人是平等的,所有事情都是被迫使然,行为习惯自然无法形成,更有甚者对教师形象并无好感。

其实,从社会学的角度看,这也是民主意识的问题。为什么我们的孩子缺少这样的意识,被动接受、被动学习的比较多。就连向老师问好之类的问题都要单独教育,有的还要统计问好次数。我认为这跟长期以来师生关系的不平等也是有关系的。

那么从教学过程看,教学是在教师指导下的学生认知过程,是师生间知识传递的过程。在这个过程中,教学认识的方向、过程、结果或质量等等,都主要取决于教师。也就是说,不管怎样看待教学过程,它总也改变不了教师教学生的本质。那么这也就形成一种不自觉的主从关系。当然,随着新课程的改革不断推进,自主课堂的不断实践,情况会有所改观。

随着社会的发展,民主平等已经成为人际关系的主流。因此,在学生社会活动之前的校园生活中,教师和学生的关系,应当自觉地以社会发展趋势为取向,建立民主平等的师生关系。

因此,积极构建新型的师生关系,营造民主平等的教育氛围就显得尤为重要,记住:不要单独让孩子站在阳光下!

2010年9月7日

 **主题品悟：平等**

教育家陶行知说过："要学生做的事，教职员躬亲共做；要学生学的知识，教职员躬亲共学；要学生守的规矩，教职员躬亲共守。"身教胜于言传，教育者身上表现出的某些行为细节，常会对学生行为产生长久而深远的影响。

学生的心灵犹如一张白纸，教师在上面涂抹什么，它就会显示出什么。小学生的模仿力很强，教育者的行为细节对学生日常行为最具熏陶作用。在教育过程中，教师既要当宣传者，又要当实践者；既当指挥官，又当战士，以身作则。学生也会在耳濡目染中或多或少受到教师率先垂范的影响。因此，我们在学生面前的一言一行都应严谨规范，堪为师表。

孔子有言："其身正，不令而行；其身不正，虽令不从。"说的大概就是这个意思吧！

雷锋精神也需"接地气"

今天班会课的主题定为"学雷锋,见行动"。这样的班会课每年都要上一回,因为到了三月,春姑娘一定会来,雷锋叔叔也一定会来。谈起"雷锋"这个名字,对于自己来说当然是很亲切的字眼,上午办公室里老师们也都在谈论着自己当年小学生活时的种种学雷锋行动,谈论着自己对雷锋的认识,言语中还是充满无限敬意的。雷锋精神一直鼓舞和引领着我们建设社会主义道德文化,随着社会曲折而迅猛地发展,其历久弥新,依然鲜活灿烂,国内国外依然有众多雷锋的粉丝。因此每年的三月一定会让我们自觉不自觉地想起这个曾经的偶像。

如何去上这节班会课呢?我还真的没有太多的创意。想想过去,学校也要求上这样的思想教育课,但无非是看看雷锋的图片,说说雷锋的故事,谈谈学雷锋的感受,发一张学雷锋的实践积分卡之类的。感动之余并没有太多的现实意义。无非也就是这个月里,孩子们都兴奋地拿着那张积分卡到处做好事,要签字,年级越低的孩子越积极。无非也就是这个月里,学校附近的敬老院里人头攒动,不亦乐乎,让老人们原本安静的生活多了一点喜庆。走上街头,无非就是各大报纸的头版,公交站台的宣传栏上挂着大幅雷锋头像,提醒着人们不要忘记还有雷锋的存在。因为过了三月,该干吗还干吗,一切恢复原样。

为何会如此?因为我们这个时代太缺乏雷锋了,太缺乏全民敬仰的英雄了。越缺乏才会越狂热,而狂热往往是短暂的,当一切崇拜都成为时尚的时候,这不能不说是时代的悲哀,教育的悲哀。难怪乎现在的学生连雷锋究竟是谁都讲不清楚了。有的学生竟然说"雷锋就是在雷峰塔里修塔的",有点夸张又让人啼笑皆非。稍微好一点的说"雷锋就是打仗的"、"雷锋就是做好事的",如此看来,我们已经在逐渐忘记,忘记那个曾经影响几代人的雷锋。据说南京放映电影《青春雷锋》首日零票房,这让人深思。

上课了,我没有做课件,也没有讲故事,我不想重复每年都重复的事情。五年级的孩子,我相信他们会有自己的想法和判断。于是,我也问了学生一个问题:"同学们,每年到这个时候,我们都会记起这样一个人——雷锋。老师想问同学们一个问题,你们究竟对'学雷锋'这件事怎么看?"我很想知道班里的孩子对这个问题的看法,因为如果不搞清楚这个问题,所做的一切将是徒劳。

答案自然是有满意的也有失望的。

一个孩子说:"学雷锋就是经常去做好事,比如去扫办公室。"所以这几天办公室里经常有孩子出入,都是来做好事的,垃圾桶倒了一遍又一遍,地扫了一遍又一遍,真是干净。

一个孩子说:"学雷锋就是不做坏事。"

一个孩子说:"学雷锋就是助人为乐。"

一个孩子说:"学雷锋就是不去惹别人麻烦。"挺有见地的,估计与最近的教育分不开。这是我对班里孩子道德要求上的基本底线,看来还是有人记住了。我表扬了他。

一个孩子说:"学雷锋就是把积分卡上的格子都填满。"问题很严重,我追问一句:"那填满以后呢?"他说:"那我再去学校领一张呗!"我无话可说了,在他们眼里学雷锋就是填表格,我相信这是很多孩子的认识。

孩子们侃侃而谈,但始终绕不出做好事、帮助人的圈子。我想这是学雷锋活动带给人们的思维定势。我觉得很不真实,也很不全面,这说明我们的宣传教育是有问题的。我们该如何去认识雷锋,需要我们做很多工作,不单单是上好班会课,做好思想工作就够的,一定要让孩子们对雷锋精神有更深刻的理解,让雷锋精神贴近现实,更真实一点。

对于现今这些孩子来说,要去帮助别人其实是轻而易举的事情,但缺的就是这颗心。我们要去唤醒和培育孩子高尚、向善的心灵。我不想引导他们如何如何去搞卫生,去抢着做好事要签名。

我对孩子们说:"同学们,其实当你们面对雷锋的时候,他不仅仅是做好事的代表,他身上最值得我们敬仰的就是'心怀善心'。你们看到教学楼前那块'向善'文化石吗?其实我们可以做很多事情,就像刚才有位同学说的那样'不想惹别人麻烦'、'不做坏事',如果能坚持到底，这也是一种高尚的行为，多好呀！我认为学雷锋绝对不是一定要去做别人能看得见的好事这么简单，而是要从内心深处焕发出对弱者的同情与帮助，更多的是看不见的……"

我给孩子们讲述了在贵州偏远山区的孩子的故事，虽然我也没有去过，但我们学校就与那里的学校结对，与那里的孩子结对，也让我能感受到那里的艰苦生活超乎想象，那里才是最需要人们帮助的地方。我给孩子们讲了宁波市民与贵州山区孩子结对互助的故事，其实自己曾经也有这个想法，但一直没能实现。我说过以后，没想到这让班里的孩子顿时来了精神。我建议他们，如果自己或家庭有能力的话，何不让我们的爱播撒得更广一点，坚持得更久一点呢？

小欣同学不住地点头，我知道他很认同我的观点。

一个孩子激动地说："对啊，周末我就回家跟爸爸妈妈说，他们一定会同意的！"

小张同学此时已经在跟同学滔滔不绝地讲起自己和爸爸如何自助一名贫困孩子的故事了……

一石激起千层浪，孩子们抑制不住自己的想法，纷纷交流了起来。课就这样进行着，没有庄重的仪式和誓言，更多的是孩子对雷锋的另一番认识。我要让孩子们明白一点：学雷锋，不是人云亦云。向善，人人皆可以！

2012年3月4日

 **主题品悟:德行**

学生良好品德的形成,固然要靠家长和老师的帮助,但更多地要取决于他自身。任何外在的德育形式都是弱不禁风的,一切形式上的德育都要内化成学生内心的自觉。我们只有让学生的道德和行为一致了,道德行为一贯化了,学生的品德才能形成,学校品德教育的目的才能达到。

有时候我们的德育教育有意无意间都会用最高的尽善尽美的标准来要求人,将德育理想化、抽象化、神圣化,哪怕雷锋也不是十全十美的人呀,但我们很少辩证地去看待这个问题。所以学雷锋活动就显得很苍白、乏力,平时学雷锋活动不是流于形式,就是名存实亡。

德育深刻地影响着学生的心灵,德育教育应该与时俱进,回到人的本位上来,避免短视、流于形式,我们要尽量扩大德育的外延和内涵,让其更"接地气",更容易让学生所接受。

学生闹矛盾，家长慎"插手"

电话铃声响起，一看是学生小文的父亲来电。

"是叶老师吗？傍晚我女儿哭哭啼啼打来电话说在学校被同学欺负了，这到底是怎么回事啊？"电话那头的声音很大，语速很快，没有寒暄，直入主题，口气显然比以往的交流重了许多。

客气地打过招呼，我还是顿了顿，毕竟自己对这突如其来的事件还没有详尽的了解。于是，我回应道："嗯，这样的事情我一定会处理好的，今天孩子打电话给你之前还没有向我说起过这件事，等我到学校了解了情况，马上处理，再给你回复，可以吗？"

"这怎么行啊？是不是打得很厉害，我女儿说她的作业本被同学无缘无故扔掉，有时候还被同桌踢腿，是不是有这回事？我今晚必须赶过来看一下！"声音越来越大，也越来越急，这家长一改往日的通情达理，后来才得知他刚喝过酒。面对这样的情况，我必须及时予以决断：第一，家长晚上进来，还趁着酒劲儿，显然会给问题的

辑二 请与孩子一同站在阳光下

解决带来麻烦;第二,学生之间的矛盾,在还没有搞清楚原委之前,家长最好不要介入,学生的矛盾,应当由老师来引领着他们解决比较好。

在我的安抚下,他又说了几句就把电话撂下了。

刚挂了电话,孩子的母亲打来电话,语气缓和了很多:"叶老师好,我女儿的事情我也知道了,他父亲刚才有点生气,还是请你了解一下情况再处理,我让他父亲先别到学校了。"

"我也正是这个意思,学生之间发生矛盾也是很难避免的,但请相信作为班主任会公平公正地予以处理的,等处理好了之后我们再联系!"看得出来,一件事情的解决还取决于家长是否配合。

之后,我匆忙赶到学校,第一件事儿便是找两位当事学生了解情况。事情是这样的:小文的同桌小张是个男孩,本周开始在班级开展"师徒结对,互帮互助"的活动,同学们热情高涨,都希望自己能帮助别人。他们坐在了一起,互相帮助,互相监督。昨天傍晚值日的时间到了,小文的作业还没有做完,而小张的速度比较快,不停地催促小文要参加值日了,心急之下就把她的作业本给扔在地上了,小姑娘自然伤心地哭了。双方都证明了事实的存在,小张同学也承认过去自己也与小文发生过矛盾。小文伤心之余就哭哭啼啼地往家里打电话了。我不知道具体说了什么,才有了后来发生的事儿。

了解了这样的情况之后,处理起来应该还算简单。这是学生之间在交往的过程中采取的不正当的方式所引发的矛盾,需要适当的心理疏导。可夜自习第一节课后我又接到小文父亲的电话,说他已经赶到学校了,正往教室的方向来。我知道,事情变得复杂了。

女孩儿的父亲气冲冲地来到教室门前,嘴里叼着一根烟,用质问的语气直接问我:"那个男孩儿在哪儿?他的家长在吗?你叫他们都来一下!"但学生们都在艺术楼上音乐课呢!我马上打电话给男孩的父亲,小张的家就在附近,他父亲很快到了。其实事情发生后我也与小张的父亲沟通过,他也严厉批评教育了自己的孩子。小张爸爸很诚恳地向小文父亲道歉,可并没有得到谅解。小文父亲不依不饶一定要见男孩儿,那生气的架势让我感到有点意外。无奈之下,小张同学也被父亲叫来了。

小文父亲顿时沉下脸来,用手指着男孩的鼻尖,对着他狠狠一顿训斥,警告孩子今后绝对不能再碰自己的女儿,语气中充满火药味儿。在学校面对这样的情况还是头一回,我真不知道该如何招架,也只能先安抚家长稍安勿躁了。小张同学也害怕得直道歉,紧张得流下眼泪。小文也站在一边看着,头低得不能再低了。我知道她的心里一定也没料到自己的一个电话会造成现在的局面。最后在三方的调解之下,事态慢慢得以平息。但事后我才知道,小文父亲还到校长室投诉了我。

事情虽过去了。但我还是想到一个问题:孩子们在成长过程中,与同伴发生摩擦、产生矛盾时,家长到底该不该介入?怎样介入?

首先,孩子间摩擦不可避免,小矛盾易生易化解。学生集体就像一个小型社会,各种性格,各类脾性的孩子聚在一起,磕磕碰碰在所难免。有的孩子比较温顺,有的孩子性格粗野,有的遇事冷静,有的容易急躁上火,有的喜欢说长道短,有的沉默寡言等等。正因为这样的个体差异,一个集体才形成一个丰富的交际圈,当然就容易产生矛盾和误解。就像上述事件，其实是两个完全不同性格的孩子之间发生的事儿。一个性格内敛胆小，一个性格外向好动，再加上具体的情境，处事不当才产生了矛盾，甚至有点欺负弱小的嫌疑。但这就是孩子真实的一面，稚嫩的一面，也是很容易化解的小矛盾，需要成人以理性的态度予以疏导为上。

其次，孩子之间有矛盾怎么解决？采取什么方式来解决问题？很多孩子是会受家长影响的。如果家长很宽容，能动之以情，晓之以理，既鼓励自己的孩子，又教育他人的孩子，那么孩子之间肯定就很少产生矛盾。如果孩子和同学间有了矛盾，首先要先向孩子和老师了解真实的情况，若简单行事，则必有失误。据我了解，小文平时在班上只要与同学发生不快，就会立马与家长联系，请求家长来化解，而学校老师却根本不知情。这样时间长了，就会产生对家长的依赖心理，大事小事不懂如何解决，不懂如何维护自身权益，长此以往，对其性格塑造和自信心养成都是不利的。家长应该以积极的态度教会孩子如何正确面对所发生的事情，如何有理有据地向老师求助等等。有的家长一见到孩子受委屈，就相互指责对方孩子，反而把矛盾激化了。这样使孩子失去了自己解决问题的机会，而且如果家长粗暴解决问题，也会给孩子带来不好的影响。

第三，处理人际关系是每一个人从小的必修课。人不可能活在真空里，学会与人相处是孩子成长的必修课程，明智的家长应该正确地加以引导和教育。而这里的教育应是理性而智慧的教育。孩子们正是在这样的不断摩擦中学习相处之道，学会与人相处的；也在这样的一次次碰撞当中学会容忍，学会坚强，学会成长的。

因此，孩子之间有些小摩擦，家长不要随便介入，还是让孩子自己学会自己解决问题，在解决问题的过程中学会与人为善，学会与人相处。

2009年10月9日

 **主题品悟：家长**

苏霍姆林斯基认为："教育学应当成为所有的人都懂得的一门学科——无论教师还是家长都应当懂得它。"

作为家长，不能只是学生中间的一位简单的裁判员，一位威严的法官，或是一位左右逢源的调解员，更应是一位循循善诱的能引领他们走向光明的指路人。学生在学校，在彼此交往中难免会发生这样或那样的纠纷、矛盾，我们在引导学生成长的路途上，不能越俎代庖，将自己的意愿强加于学生身上，我们应当让学生学会自己主动化解矛盾，学会礼让谦恭地与人交往，在解决问题的过程中提升道德品质，这对每一位学生而言，定会终生受益。有时候，孩子的地盘还是让孩子自己做主比较好。

爸爸去哪儿了？

"喂！请问是小岑同学的家长吗？"

电话那头传来浑厚的男中音："是的。"

"您好！我是叶老师。因为我现在要填写一份表格，其中有一栏要填孩子的生日，麻烦你告诉我一下可以吗？"

"生日啊，我想一下……哦，实在不好意思，我先打电话问一下他妈妈……呃……要不这样，你直接给他妈妈打电话吧！孩子的事情都是他妈妈在管，生日我真的想不起来了……"啪，电话挂了。

开学这几日忙于统计学生的保险清单，有一项需要家长提供孩子的生日等信息，因此也就有了这个电话。

今年，由于一个班的班主任调离学校了，由我来继任。可以想象家长的情绪波动有多大，每次班级换老师，都会或多或少引起阵阵"骚动"，此乃人之常情，虽然有很大的压力，但我也做好了充分的心理准备。

开学的第一天除了一位学生的父母未到学校外，其余所有家长均来到学校见见我这个新面孔，也许见到了，交流了，也就放心多了。其余不谈，我算了一下，来访的这些家长中只有四位爸爸到场，其余均为母亲或奶奶。第一周的家校反馈单上极少有父亲的签名，自然孩子在家的学习生活监管也基本由母亲来完成。在平时的电话联系中，90%都是与母亲联系的，很少有父亲的角色参与到孩子的教育中来，这些数据也都足以说明，现代孩子的家庭教育已经逐渐步入"母系社会"。

这并非关乎进步还是倒退的问题，我不禁要问："孩子的爸爸们都上哪儿去了？"

在多年的班主任工作中，我发现大多由母亲抚养教育的孩子，尤其到了高年级以后，从孩子身上所表现出的特质会有所不同，这一点在男孩子身上体现得更加明显：敏感、怯懦、小心眼、依赖性强、不爱运动等，这些特点并不能说明完全是由母亲教育的结果，可在这些孩子身上表现出的特质一定缺乏"男孩因素"，缺乏"阳刚气质"。我认为父亲在子女的教育过程中是起到了"补钙"的作用，男人的特质：阳刚、独立、果断、大度等，会在父亲的参与过程中慢慢地无形地渗透到孩子的细胞当中，从而影响孩子的个性品质。我们的社会所推崇和需要的男性风格，比如宽容大度的胸怀、坚强果断的行事作风、对女性的尊重和体贴等等，往往只有通过父亲和儿子的积极关系才能得以传承。儿子是在对父亲的动作行为和男性风格的模仿中逐渐长大成为男人的。而这种教育往往是学校教育所无法替代的，更不是老师所能够完成得了的。

著名儿童教育专家孙云晓在《拯救男孩》一书中也对此现象作了详细的剖析，书中也谈道"由妈妈带孩子是很多家庭的现状。在北京西城区一所重点小学组织的亲子活动中，来的几乎都是妈妈，而每天在学校门口接送孩子的大军也是以妈妈和老人为主。"

美国总统奥巴马亲身体验到父教缺席的影响，在2009年父亲节前夕，他说出了这样一句话："父爱缺失在孩子心中留下的空洞，任何政府都无力填补。"

自然界也是如此。在人们的印象中，大象是一种非常温顺的动物，虽然体形庞大，却极少主动攻击其他动物。但是在南非西北部的国家公园里，管理人员却发现了一个反常的现象：年幼的雄象变得越来越富有攻击性，在没有受到任何挑衅的情况下，它们也会凶狠地攻击附近的白犀牛，把它击倒在地，残忍地用脚将它踩死。

这种行为让公园的管理人员百思不得其解。

经过一番调查，公园管理人员找到了答案。原来政府为了维护公园的生态平衡，采取了猎杀成年公象的做法，这就导致了一个结果：几乎所有的小象在小时候都成为孤儿。而成年公象对幼象成长非常重要，因为成年公象会管好这些小象，并为它们与其他动物和平共处提供榜样。在失去这种榜样和影响以后，年幼公象本能的攻击性就毫无节制地释放出来，并在象群中逐渐蔓延滋长。

小象的行为揭示了这样一个真理：早期监督和纪律管束的缺乏往往带来灾难性的后果，无论对大象还是对孩子来说都是如此。对于父教缺失与男孩犯罪之间的关系，哈佛大学的心理学家威廉·波拉克这样解释："在没有父亲的情况下，缺乏对孩子的纪律教育和监督,缺乏教育孩子怎样做男人的机会。父亲在帮助男孩控制自己的情感方面起着关键作用,如果没有父亲的指导和带领,男孩遭受的挫折常常导致各种暴力行为和其他各种反社会行为。"

由此可见,父母对子女的教育影响缺一不可,但愿更多的父母能意识到这一点。

2008年1月6日

 **主题品悟:父亲**

古书《三字经》有云:"养不教,父之过。"现今,电视真人秀《爸爸去哪儿了》的收视率甚高,引发了家庭教育中父母地位的讨论。我们很难说父亲和母亲在孩子的成长中谁更重要,但当下的家庭教育确有一种"父教"缺失倾向,值得关注。

父亲在孩子的自尊、自信、身份感及性格形成的过程中,扮演着重要角色。这是一个需要呼唤父亲归位的时代。父亲不能把教育孩子的重任全部推给妈妈。教育孩子,绝不是妈妈一个人的事情,爸爸理应是主角,不是配角,更不能缺位。

父亲在与孩子们相处、互动中,可以是一个很生动、很有分量的角色,他向孩子们展示着一个成熟男人的风采气质,一个长辈对世界、人生以及内心情感世界的理解。一个合格的父亲,不仅仅需要事业上的出色,也需要更多地同孩子一起成长,这不仅对孩子意义非凡,对父亲们也大有裨益。

三思而后行

这几天是我值周,每天的课间都要到楼层巡视,负责学生的课间活动安全。这几日,又是烟雨绵绵,道路湿滑,一不小心就容易出现安全事故。刚好这一周的值周班级也轮到我班。按照惯例,轮到的班级都得委派几名得力的学生负责到每个年级去进行班级文明常规检查。学生们对这项工作都非常积极,都想戴着袖章到各个班级去巡视巡视。班长小徐很能干,帮我把这件事情落实得清清楚楚,挑选人员、培训学生、监督检查基本上都由她自主完成。

今天下午眼保健操时间到了,我跟往常一样到各班检查做操情况。眼保健操的音乐已经响起了,我刚好路过自己的班级的后门,居然发现教室的角落里有一帮孩子围在一起高声争论着什么,情绪还有点激动。

"难道又有同学吵架了?从来没出现过这种事情呀!这还了得?连操也不做了,还在教室里吵吵闹闹……"我纳闷。

我三步并作两步，冲着他们就一顿呵斥："难道你们没听见音乐声吗？什么事情等眼保健操做完再说不行吗？扣分了怎么办，真是一点规矩都不知道……待会儿回来再找你们，都给我说清楚了！"

孩子们一看到我的出现，吃了一惊，纷纷退回自己的座位。

检查完毕，回到教室，学生见我还是一脸严肃，个个坐得笔直，一副等着我发落的样子。

我将讲义夹往讲台上一放，忍着火气问道："谁愿意来把刚才发生的事情叙述一遍？"

孩子们的小手慢慢举起来了，越来越多，越来越多。看着他们小手如林，我感到有点不对劲儿呀："是不是有什么我想不到的事情发生呢？"

小阮最先发言了："叶老师，我们刚才不是在吵闹，我们在争着让谁去值周检查……"

"值周的事儿小徐不是已经安排好了吗？有什么好争的呢？"我等不及她把话说清楚。

"老师，小徐今天生病了，还在医务室呢！我们都想替她去值周……所以……"一个孩子补充道。

听到这里，我将目光移到教室的后排，这才注意到小徐的位子是空缺的，心里顿生悔意，直怪自己太冲动啊！原来是这么回事。都怪自己太粗心了，学生生病了，位子都空着也没注意到，我只记得上午小徐跟我说她头疼，没料到下午却被留在了医务室。

"哎！这班小家伙，怎么不早说啊！害我……"心里暗暗庆幸刚才多问了几句,否则,如果真冲他们发了火,我还真不知该如何收场啊……真是又后悔又庆幸。

有时候想想:为师者,尤其是班主任,老容易上火。我们在平时的工作中还是要善于控制自己的情绪。切记切记:凡事三思而后行!

2011年10月22日

 **主题感悟:慎行**

教育家魏书生在《班主任工作漫谈》一书中写道:"教育需要管理,管理需要方法。教师要理解学生,顺应学生,最后要有能力改变学生。"面对突发事件,采取什么样的方法,要因地制宜,因时制宜,避免简单化、情绪化。

批评教育不等于指责、怒骂。班主任必须学会控制自己的情绪,仔细审视学生的内心和事发缘由。切忌意气用事想当然,以己之心度学生之腹,目标不明方法不清就糊里糊涂向学生开火。这样的后果不仅影响了师生关系,也不利于学生形成正确的道德判断。因此,在教育过程中如果觉察到自己的情绪有变化,可以采用自我激励的方式,不断告诫自己:"不要生气,要宽容,要微笑。"尽力控制好自己的情绪,我们慢慢就变得宽容、平和,用自己的人格魅力和广博的智慧来赢得学生的爱戴。

温暖的邂逅

今天是学生接送日,无论是对于孩子还是对于自己,无疑是一个轻松的日子。下午学生们就要回家了,看着他们提着大大小小的行李包,浩浩荡荡的队伍,颇有一种集体出游的感觉,每个人的脸上都洋溢着笑容,无拘无束。的确,半个月漫长的在校时间孩子们也需要身心放松,回家成了每个孩子心中最大的渴盼。

昨天晚上,我照常还是抽时间到寝室看他们,男生们有的在聊天,有的不知在表演什么。一问才知道,原来小瑞和小鹏在模仿日本动漫《火影忍者》中的人物,只是我看了半天也猜不出来。小迅、小祥等几个小伙子在玩扑克牌,小策则在大声朗诵那首在诗歌朗诵会上表演过的《最后一分钟》。

女生则都聚在一间房子里,从窗外望去,她们也都在热火朝天地忙碌着,显然她们已经把今天晚上当成明日暂别前的狂欢了,我不忍心打扰她们。来到小雨的寝室,她独自一人坐在床上,见我的到来一时紧张起来,脸色不太好看。在我的询问之下,她告诉我今天特别想妈妈。她泪眼蒙眬,略伤感。我安慰了一会儿才让她愁云散去。这就是孩子,虽然是五年级了,可还是稚气未脱,丝毫不会掩饰自己的内心世界。负责孩子们生活的童老师穿梭于各个房间,忙得不可开交。我穿行于孩子们中间,嗅着一丝丝儿童的气息,时而想起自己早逝的童年。

今天是个好日子,冷空气过后的阳光似乎更添缕缕暖意。和孩子们吃完中餐,我照例还是要到操场上溜达一圈,不能浪费了这美好的午后!

刚走出餐厅门口,小杰追了上来主动和我搭讪。他是一个喜欢与人聊天的孩子,平时就是一脸阳光,像今天的天气一样。我用手搭着他的肩膀走向操场。这段时间来,自己把班级工作的重心移到了八班转过来的十几位学生身上,希望他们能早日融入新的环境。

"没问题,非常好!"他不假思索的回答并未让我吃惊。

据自己的观察,这些孩子虽然在开学初来到我们班感到很无助和茫然,但经过将近两个月的磨合,现在基本上适应了新的学习生活,两个月的辛苦总算没有白费。

接下来,我们聊到了班级的同学,他还主动跟我谈起了自己的兴趣,其中谈得最多的还是自己的写作,没想到这小家伙还挺有思想的。他跟我说起了自己最近看的文章,以及在博客里认识的新写作伙伴,感到自己在写作上的不足,还决心要把自己的连载小说继续写下去。我给了他大大的鼓励和支持,他自信满满的样子显得更加可爱。

不一会儿后面来了一群同学，也参与了我们的聊天话题。我想在这样的场合里与学生谈话的机会真是太少了。平时多的是他们正襟危坐，我在讲台上娓娓道来，效果似乎并不见好啊！

小聪，一个学习成绩较差的孩子，平时也被我批评不少，居然在我面前谈得不亦乐乎，没有了任何心理防备。小冯、小宇等几个孩子平时在教室里也不敢怎么说话的，现在却能敞开心扉，尽情释放。小冯边走边给我们表演他的拿手绝活——模仿秀，我建议他长大了去当演员，问他："平时你怎么不在班级里演一演呢？朗诵比赛那天你也不露一手？"他还是腼腆地笑了，看得出今天的他才是最真实的，也是最可爱的，只不过我们没有给他们展示内心世界的机会而已。

我们一直走到了教学楼，一路上的欢声笑语引来不少回头客。我只听他们的诉说，有好事，也有坏事，但都是属于他们这个年龄的小小的事儿，都是孩子们之间应该做的事儿，都是平时我难得听到的事儿。

闲暇午后，孩子、阳光。

童音笑容，暖人、暖心。

2007年4月15日

 **主题品悟：幸福**

教师的最高境界是把教育当作幸福的活动，把自己变成孩童并融入到儿童的世界中去，你能从工作中感到生命的充实和教育生活的乐趣。正如陶行知在《教师歌》中写的：

来！来！来！来到小孩子的队伍里，发现你的小孩。
你不能教导小孩，除非是发现了你的小孩。
……
来！来！来！来到小孩子的队伍里，变成一个小孩。
你不能教导小孩，除非是变成了一个小孩。

对于教师而言，教育不是牺牲，而是享受；不是重复，而是创造；不是谋生的手段，而是生活本身。每天看着孩子们在自己的关心、爱护和引导下健康快乐地成长，看着孩子们在他们的世界里享受童年的欢乐，你会真切感受到教育不单纯是一项职业，其实它就是一种生活。

学生眼中的好老师

《我最好的老师》是今天上午上的一节略读课文,课文内容非常简单,讲述的是一位教学个性独特、教学方法新颖的科学老师怀特森,在第一天上课时,他给学生们讲授了一种名叫"猫猬兽"的动物,并侃侃而谈地向学生介绍了一番此动物的特点,然后让学生做好笔记,随后是随堂测验。结果全班同学都得了零分,原因只有一个:关于猫猬兽的一切,都是老师故意编造出来的,动物的信息都是假的。这可把全班同学都气炸了。但到了后来,班里的学生却以此为乐,逐渐沉浸在怀特森老师饶有趣味而又充满刺激的课堂当中,有时候为了搞清楚老师的一个问题,学生们会花好几个小时或几天时间去查找、验证老师的说法是否正确,他们把每一节科学课都当成一次"冒险"。从学生最初的抱怨,到后来的接受和敬佩,这个转变缘于怀特森老师带给学生们的不仅仅是知识,更重要的是让学生学会独立思考,不迷信书本和权威。

就这么个小故事,班里的学生都很感兴趣,也都非常喜欢这个老师,都希望能上这样的课该多好啊!学完语言文字,到了课文的结尾处我还是充分利用文本的特点设计了一道练习:"我心目中好老师的标准是( ),因为我认为( )。"目的是让学生将课文内容转化成亲身的体验,并通过具体事例说明自己的观点。这一方面训练学生的语言表达,另一方面我也想了解在本班学生的心目中好老师的标准为何,或许对改进自己的工作也有好处。语文本来就是工具性和人文性相结合的一门学科嘛,今天就结合一回。

我留了十分钟让学生们现场完成,学生写得很认真。中午在批改的时候还的确有所收获。大部分学生能真实地表露自己对好老师标准的看法,还举证了一些自己亲身的经历,谈到了很多老师留给他们的印象。

学生喜欢的老师有这么几条标准,应该说也是普适性的标准,孩子们都提到了,如果要按顺序的话,应该是:幽默风趣、公平公正、赏罚分明、严而有爱、信任学生。

先看看部分孩子写的,挺真实也蛮有意思的。

幽默的老师才是好老师,俗话说:"笑一笑,十年少。"课堂里笑一笑,便可以放松精神,才能让同学们打起精神,认真听课。否则,一节课就会显得十分枯燥乏味,没有一点新鲜感,听着听着想要睡觉的话,那这堂课也就等于白上了。(小林同学)

老师如果以一种幽默的语言来讲课,那么会有很大的不同,特别像汤老师和叶老师讲课的时候,时不时会插入一个笑话,逗得我们哈哈大笑,这种方式既可以让我们学得好,又不会分神。(小旻同学)

我心目中的好老师是要和蔼可亲,老师能在自己做错事后及时找自己谈话,他会在自己哭泣的时候,轻轻地抚摸着我的头安慰我,他不会在同学们面前大发雷霆,更不会故意刁难同学。(小潘同学)

公平公正的老师才是好老师,因为我认为老师如果偏心同学的话,那么会导致班级成员间的失衡,如果偏向于优秀的同学,他们是会日益进步,但落后的同学就会失去对学习的兴趣,甚至可能产生对老师的不满;如果偏心于表现不好的同学,仁慈过度那又会产生另一种截然相反的现象,他们的表现会日益猖狂。(小孙同学)

我认为公正是一个好老师的重要品质,只有这样的老师才能教好学生,让同学们也和他一样充满正义。在一些同学犯错误的情况下,不包庇,要了解事情的真相,公平公正地处理好事情,公平公正地对待每一个同学,因为同学不应该有好坏之分。(小张同学)

我认为能与我们无话不谈的老师才是好老师,这样的老师不仅仅是教我们知识,更教会我们如何做人。我们不管发生了什么事都可以找他聊聊,敞开心扉。生活张老师就是这样的好老师,我伤心的事可以告诉她,开心的事也可以跟她分享,我们都把她当作好朋友。(小依同学)

信任学生很重要,因为当我们犯了错,承认了错误时,有的老师却抱着怀疑的态度,总认为学生在说谎。这样一来,学生肯定会想:反正老师都不相信我,认错有什么用呢?沮丧的心理就会造成恶性循环,学生就会对老师有抵触的情绪。(小智同学)

我心目中的好老师是我们私底下叫"催债狂人"的汤老师。他对待我们的学习,包括上课非常严厉,该批评就批评,毫不留情。但是私下里他却非常平易近人,很有人情味。这样的老师既严厉又易于交流,很好!(小彬同学)

好老师对待赏罚的标准要令人满意,让我们心服口服才行,不像某些老师动不动就罚我们抄写,从不管我们的感受就不好了。(小周同学)

严厉而教学方式不死板的老师才是好老师。俗话说,严师才能出高徒,老师应该严厉一点。而教学方式如果死板的话,就会有大量对学习帮助极少的任务要我们完成,这对学生们来说很浪费时间。(小方同学)

我心目中的好老师是对待任何人和事都一视同仁,就像叶老师一样。今天早上他走进教室就批评了我一通,是因为这段时间我和黄依雯老是晚上在寝室里讲话影响他人,连其他年级的老师都知道了,影响了班级荣誉。这时的我心里并没有生气,反而对叶老师更加敬佩起来,我是班长,老师也能一视同仁,做到公平公正……(小榕同学)

这些孩子写的都是很真实的感受，不同的个体对好老师的标准看法是不一样的，因为在师生经历的过程中，发生在个体学生身上的关键事件也是不一样的，那么带给学生个体的体验就不一样，你在学生生命中的意义也就不同了，这也是为什么有些老师会让学生难以忘记，就是这个道理。这样看起来老师还真是难当了，有这么多"高大上"的要求，深感"鸭梨山大"。其实，也大可不必这样想，我认为无论什么标准都是外在的，关键是我们在开展教育教学工作时是否把学生当作"人"，这里的"人"更多的是指充满个性差异、富有生命质感的人，而并非简单的教育教学对象、班级管理的对象。当我们用一种平等的眼光平视学生的时候，你才能够以一种接近学生内心的方式去处理每天发生的事，去教育好每一个学生。

　　学生在写的过程所提到的事件，很大程度上就能反映出我们的教育姿态，好老师的姿态应是多样的（美国著名教育家保罗·韦地博士花了近40年的时间研究好老师的标准[①]）。每个学生都是一面镜子，我们也就是在一面面镜子前不断调整自己的教育姿态。尽管有的镜子很完美，有的镜子略微破损，但你是完整的，你可以让完美的更完美，不完美的努力追求完美，这才是真实的教育。

2012年5月15日

 **主题品悟:好老师**

学生眼中的好老师标准很多:幽默、公平、机智、亲和、严厉、信任学生、有耐心……如此看来要做一名学生眼中的好老师并不容易。以前我一直认为,成为一名好老师,只要课讲得好,学生就会喜欢你。其实不然,这只是好老师标准中最基本的条件。

教师是"传道、授业、解惑"的使者。那什么样的老师才是最好的老师呢?李镇西在《做最好的老师》中认为:"最好"就是"更好",虽然这个"最好"永远达不到,但一个一个的"更好",便汇成了一个人一生的"最好"。

如何成为"更好",成为每个学生心目中最好的老师?苏州大学博士生导师朱永新教授建议从以下几个方面着手努力,那就是:做一个幸福的教师;做一个不仅仅是传授知识的教师;做一个"亮"起来的教师;做一个尊重童心的教师;做一个直面缺憾的教师;做一个心理健康的教师。

 **知识链接**

①保罗·韦地:好教师的十二种素质

美国著名教育家保罗韦地博士曾花了40年时间,收集了9万个学生所写的信,内容是关于他们心目中喜欢怎样的老师的。据此,保罗·韦地概括出作为一个好老师的12种素质。

◆友善的态度。她的课堂犹如一个大家庭,我再也不怕上学了。

◆尊重课堂内每一个人。她不会把你在他人面前像猴子般戏弄。

◆耐性。她绝不会放弃直至你能做到为止。

◆兴趣广泛。她带给我们课堂以外的观点,并帮助我们去把所学到的知识用于生活。

◆良好的仪表。她的语调与笑容使我很舒畅。

◆公正。她会给予你应得到的,没有丝毫偏差。

◆幽默感。每天她会带回来少许的欢乐,使课堂不致单调。

◆良好的品性。我相信她与其他人一样会发脾气,不过我从未见过。

◆对个人的关注。她会帮助我去认识自己,我的进步赖于她使我得到松弛。

◆伸缩性。当她发觉自己有错,她会说出来,并会尝试其他方法。

◆宽容。她装作不知道我的愚蠢,将来也是这样。

◆有方法。忽然间,我能顺利念完我的课本,我竟然没有察觉这是因为她的指导。

和学生一同感受艺术之美

第八单元的口语交际课主题是让学生谈谈身边的艺术,让学生初步感知艺术的形式与魅力,这个要求也是对单元课文学习的一个重要补充或拓展。似乎有点难度,毕竟对于小孩子来说,要感受艺术之美并不容易,因为艺术需要生活体验,审美情趣需要环境的熏陶,还有家庭的教育等等,诸多因素的综合作用才能对一个人的审美情趣有所影响。这好像有点太理性地理解了,也拔高了这次口语交际的要求了。所以在教学的时候还是结合了学生的实际情况,考虑到学情,适度降低"艺术"的门槛,也就是让学生介绍他们眼中的艺术(品)。这可能对于激发学生的说话欲望有所帮助。

因此,在周末的时候我把这项活动作为一项重要的作业布置下去,要求学生回家每人准备一个自己熟悉的艺术品或一种艺术形式,通过观察、演练、信息整理等方式,把说话的内容形成文字、PPT,或实物演示等方式呈现给大家。当然我还提出了说话的要求,评价的标准等等。学生们热情很高,从课堂的效果来看,这次口语交际课还是比较成功的。每个学生都乐于参与。人人都准备了发言内容,形式非常丰富,有音乐、书法、绘画、手工艺、故事等,让大家大饱耳福,过足眼瘾。我觉得学生只要心里想做这件事情,那这件事儿至少成功了一大半。

在课堂上部分孩子的准备不可谓不精心。有的甚至把家里的珍藏也带来了,这让我很意外,我想他们带来的不仅仅是艺术品,也是对这次活动的美好期待。也正因为珍贵所以观察得也特别仔细,说得也特别认真、动情。

当然特别值得一提的是,对于"艺术"的理解,的确还与学生的个性特点和审美能力高低有关,比如小夏同学是一个热爱书法的孩子,他为大家准备的是一幅书法作品,而让我震惊的是他居然把学校负责书法教学的陈信才老师的这幅行草作品分析得头头是道,有板有眼,我简直可以用"鉴赏"二字来形容他了。我问他是自己准备的吗,他很肯定,当他给大家介绍完之后,全班同学报以热烈的掌声。

还有小方同学,他居然给大家展现了自己热爱音乐的一面。我平时只知道他喜欢唱歌,喜欢指挥,但他还喜欢钢琴,喜欢欣赏古典音乐。这次他和大家一同欣赏了舒伯特的《未完成的交响曲》,还让同学们在欣赏乐曲的同时,了解了这首交响乐特别的创作背景,更令我惊喜的是他告诉大家,在听这样的古典音乐时要注意什么,更重要的是应该带着自己的情感去聆听音乐,实在难得。

还有小黄同学介绍的世界名画《干草车》,小庄同学带来的贺兰山石砚台，小睿同学竟然把爸爸精心制作的桃花木笔筒也带来了。小榕同学介绍的套娃艺术，栩栩如生。小轩居然把我在上《蒙娜丽莎之约》后推荐欣赏的名画《最后的晚餐》介绍给大家，我当时只是补充了一句：其实在这幅画的背后还隐藏着一个惊天的秘密！没想到这孩子这个周末就泡在家里寻找这幅画的秘密，通过他的讲述，我们大开眼界，有的孩子还表示要继续研究。

一次口语交际课，并不单纯是课堂上的说话课，它承载的可能更多的是学生对学习内容的兴趣，让他们贴近生活，表达生活中的感受，并能将这份情感与人分享，从中得到快乐，多多少少受到美的熏陶，这才是最为重要的。

（附部分学生讲稿）

这是陈信才老师的书法作品，白里带黄的宣纸，漆黑的小字。上面写的是古诗《草》："离离原上草，一岁一枯荣。野火烧不尽，春风吹又生。远芳侵古道，晴翠接荒城。又送王孙去，萋萋满别情。"整幅作品不过一平方米。从远处看，却有一个字最引人注目，那就是繁体字"離"。而其他所有的小字就像一条翻飞盘旋的黑龙，整幅作品中颜色有深有浅，衬着这个"離"字，让它显得格外明晰、耀眼。

走近些看，这幅作品中的每一个字，每一条线就渐渐清晰起来了。一个个汉字如同龙飞凤舞一般奔放，苍劲有力，仿佛在向我们述说着什么，看起来那么有味道。此时再看这个"離"字就更加明显了，唯有它乌黑发亮，是整幅作品的点睛之笔。我打个比方:假如这幅字是一篇文章的话,那它就一定是中心句了。

陈老师的草书,一气呵成,每个笔画时而清晰,时而模糊,有些让人捉摸不透。字体或长或短,刚劲有力,笔走龙蛇间给整幅作品增添了一份神秘的味道。再配上略带牙黄色的宣纸,看起来古色古香,但又不乏现代感,我无法用语言来形容。总结成一句话:这是一幅让我叹服的作品!(小夏同学)

我给大家介绍的是一幅世界名画《干草车》。这是一幅油画,作者是19世纪英格兰伟大画家康斯太勃尔。

这幅风景画表现的是平淡的乡间美景。其中一只顿声而望的狗引领着视线:一辆干草车正在过河,河水十分平静温和,静静地伴随着正在河边洗衣服的农妇以及其身后的颇具特色的乡村小屋。这幅画沉着的色调给画面平添了几分静谧与安逸。在这并不开阔的视线里,远处萨福克村起伏平缓的地平线被明媚的阳光笼罩,生动与活力由此而生。观赏时,让人有一种身临其境的感觉。画面上炫彩多变的颜色,真实的描绘和浓郁的抒情笔调都令人陶醉其间!

该画大约长1.85米。它不仅受到人们的喜爱,更有许多名人评论道:"这是一件无价之宝。"画中的人物、景物看起来并不是很华丽,但在康斯太勃尔神奇的笔下变得绚丽无比。粗一看还真像是一张相机拍摄的照片呢!那样真实,永远留在世界上。

康斯太勃尔除了这幅画作外,另外还有一幅画《白马》也十分精彩,有空大家也可以找来欣赏欣赏。(小黄同学)

2013年1月14日

 **主题品悟:审美**

《中国教育改革和发展纲要》指出:"美对于培养学生健康的审美能力、陶冶高尚的道德情操、培养全面发展的人才,具有重要作用。"

美,无处不在。美是道德纯洁、精神丰富、体魄健全的强大源泉,美育最重要的任务是教给儿童从周围世界的美里,看出精神的高尚、善良和诚挚,从而在自己身上确立这些美的品质。这是美育的培养目标。

其实,作为班主任或者学科教师,应在日常的教学中通过不同的途径对学生进行审美教育。要挖掘和灵活运用各种教学资源,采用各种巧妙的方法,将美育充分渗透到教育教学的每个环节,让学生学会感受美、鉴赏美,从而培养学生的综合美德,锻炼学生的创美能力,提高学生的审美情趣。

还有比学习更重要的事可做

在我们眼里当学生的似乎只有学习,学习,再学习,学习才是他们的第一要务。好像一提到"学生",首先就想到"学习",这是自然反射,在教育中也成了一种思维定势,不学习的孩子还叫学生吗?也难怪孩子们都叫"学生",意味着"学习就是他们的生命"。那还有比生命更重要的事吗?当然没有了,所以学生就得学习,不学习就没命了。

今天对于自己来说是非常繁忙的一天,除了上课,还得迎接省智慧班主任专家组的现场考察。其中有一个环节是要请几位我曾经教过的一些学生参加一个座谈会,考察组想通过孩子们来了解我的班级管理工作,学生本来就是一面镜子,他们最能直接感受一个老师的真实工作。我的上一届学生已经读初中了,一大早我就去中学部找他们。最终通过他们的老师临时找了几位,要他们八点多到我这边参加座谈。

因为考察组到了以后要查阅资料,听我的工作汇报,还要找老师代表座谈,结果一耽误就将近十点,的确我让学生太早过来了。但又怕太迟了影响工作,权衡之后我让他们在我这里候着。结果中学部那边反馈信息给我:"你让孩子们抓紧回来,班主任和任课教师都很有意见,中学生每一节课都很重要的……""让学生完成后跑步回来……"我一看,坏了!真的影响到孩子们上课了,但座谈又正在进行,我只好继续让孩子谈下去。

这件事情的安排有自己的不妥之处,但我也从几个细节在思考几个教育的问题。

当学生来到我办公室的时候,我看得出他们都很高兴,虽然是初中生,但毕竟还是孩子,我也告诉他们:"你们能来参加专家组的座谈会,应该是一件很荣幸的事情,要好好表现,大方自然就行,问什么就大胆回答,实事求是就好。"当我把他们带到一楼等候室的时候,有学生就在我身后感慨:"哈,不用上课,终于可以放松一下了!"我看了看他们,他们也意识到好像说错了什么,于是都不说话了。我们知道孩子不经意说出来的话往往是最真实的感受,这样的感受很正常,没有理由去批评他们怎么这么不爱学习,连课都不想上。但从另一面可以看出,孩子居然把来参加座谈也当作一次喘息的机会,我们会想到什么呢?

我就在想,让孩子出来体验一次与专家老师面对面的交流难道不会比上课学到的东西多吗?教会孩子如何勇敢面对,如何表达自己的观点,如何用缜密的思维去应对别人提出的问题并与人分享自己的观点,懂得如何以礼相待,这些难道不是学习吗?

回想起去年我带班里的几个孩子去采访教育家顾明远先生的时候,孩子们在顾老先生面前表现出的落落大方,得体自如,与大家思维碰撞,互相交流时的快乐,至今让我难忘。回来之后,一个孩子居然把这当作小学校园生活的一次重大事件,对其产生了深刻的影响,我想这个孩子一辈子都不会忘记的。

这里边孩子们学会了什么?他们学到了文化课堂学不到的东西,学到了德育课堂里那些老师"苦口婆心、谆谆教诲"的东西,因为这样的学习是一种磨炼,孩子经历过一次足矣。有时候想,我们真正让学生学的除了书本上应对考试的方程式、英语单词,写几篇应考作文外,学生还能从我们的身上,从我们的校园里学到什么?学生在校园里究竟经历过什么,以至于让他们难以忘怀?尤其到了初中、高中以后,除了准备三年一次的中考、高考,他们还在准备什么呢?

是的,我也承认每一节课都很重要,每一道题也很重要,但作为学生来讲,除了课堂学习之外是不是可以有更多其他更重要的事儿可做呢?因为学习无处不在,有的时候错过了,也就错过了。而一道题不会解,我可以重来,有些事情和机会是不会重来的。

什么是"学习"呢?"度娘"告诉我们:"学习是透过教授或体验而获得知识、技术、态度或价值的过程,从而导致可量度的稳定的行为变化,更准确一点来说是建立新的精神结构或审视过去的精神结构。"这显然过于严肃,也有点狭隘了。其实,孔子在几千年前就给出了标准答案,我还是蛮赞同的。他说:"学而时习之,不亦说乎。"这句话道出了学习的本质。这里的"习"是"实践"——"学了知识之后去尝试去实践，那是一件非常快乐的事情"。大家想，当孩子都把逃出教室当作一种放松的话，那学习本身就无乐趣可言了。这哪怕是个体现象，也不得不引起重视，我们应该反思我们的教育现状。我觉得现在孩子不爱学习的一个根本原因是"只学不习"！学了一堆以后根本用不上的知识，结果立人之本、道德之本却丢失了。再者，我们根本就没有更多地给学生"习"的机会，也不舍得这样的机会，任何"习"都没有课堂上的"学"来得实惠，所以座谈结束后这几个孩子必须得跑步回去继续接受"学习"。

孩子学习知识的实践环境，需要我们来营造。我觉得今天能来参加座谈的孩子就遇到了一次很好的"习"的机会。当有一天学生离开学校了，他们回忆起的往往不是自己曾经考过多少分，得到第几名，也许更多让他们铭记的是特殊的校园生活经历，也许就会说起某天自己与哪位大家的一次面对面。

真希望今天跑步回去"学习"的孩子不要把"学习"落下，如果落下了，我还真过意不去。

2015年1月12日

 主题品悟：学习

什么是真正意义的"学习"？有时还真没有认真去思考过。其实，"学"和"习"是两种不同的获取知识的方式。"学"是从书本上、从教师口头上获取知识；"习"是从经验中、从个体的实践活动中获

取知识，形成能力。把这两种方式在时间上有节奏地加以配合，以学为主，辅之以习，这才是完整的学习。

　　而在现实的教育过程中，我们都在提倡实践性学习、探究性学习，但真正有多少能落到实处呢？有时候学生更多的学习方式是面对书本，面对课堂，面对教师的学习，只注重教材知识的学习，而忽视了体验性学习。过去许多教育家都提倡在实践中教育学生。法国教育家卢梭提倡让儿童通过实践活动和接触实际事物获得知识。中国教育家陶行知也提倡"生活教育"，强调在生活中学习。顾明远先生也提倡"活动教育"，我想其中的思想也是要让学生多走出课堂，倡导更加开放的学习。

　　未来的社会对人才的基本要求是要有一定的自主学习力，而这一能力的形成绝对不是单单靠课堂教学就能够完成的。我们要珍视和创造更多的机会让学生在实践中受到锻炼，得到成长。

辑三

解铃还须系铃人

看着这份简短的竞选演说稿,我很感动,也很庆幸自己为他创造了一个机会。解铃还需系铃人,我想只有唤醒他内心深处那份热情,一切将会变得轻松美好,教育的效果才会最大化。因为教育的最高境界就是学生的自我教育。

"孩子,你不是垃圾!"

一位教育家说过:"老师一句不经意的不当话语,可以打击一个学生的自信;而老师一句真诚的表扬,却可以重塑学生光明的未来。"而今天发生的这件事儿,让我真正理解了这句话的意义。

今天晚上是我例行检查作业的时间。因为最近是复习阶段,相对来说各学科作业都会多一些,但为了合理分配他们的时间,我还是尽量控制作业量,和他们商量好,精选了一些题目,但必须在指定的时间内完成。经过长期的训练,学生们也逐渐接受和适应了我严格把控时间的要求。

学生们非常自觉,利用白天的时间把我布置的作业都完成了。

"同学们,今天的作业完成得怎么样啦?全部完成的请举手。"我对学生们说。大家都非常兴奋地举起手来。因为今天晚上还有一件重要事情,就是到电脑房完成博客写作的任务,剩余的时间还可以玩玩小游戏,放松一下身心。所以学生们早早就在班级等候我的检查了。

"那好,既然都完成了,那我就随意抽查几位同学的作业……"话音未落,许多学生就举起手,有的甚至把作业本递到我手里主动让我检查。

此时,我无意间说了一句:"那我第一个就请小聪把作业拿上来吧!"

他听完后就大摇大摆地走上讲台,"啪"的一声,把作业本很不屑地扔给我,然后把头转向同学们说了一句:"我早就知道要检查我的,反正我是垃圾,我的作业也是垃圾嘛!"

这句话说得那么坦然,有点理直气壮,没有半点羞涩之感,可我听着却觉得特别刺耳。我看着他,一时真说不上话来,我不知道怎么形容此时的心情。我知道这时检查他的作业已经显得不那么重要了。我翻看完他的本子,书写虽然很差但还是完成了,我把本子还给了他,他顺势接过后,看也没看我一眼,嘟哝着嘴巴,摇摇晃晃地回到座位上,显得那么不情愿。

接下来是眼保健操时间,我的内心一直无法平静,刚才孩子说的那句话刺痛了我的心:"这是对学习的不屑,还是对我的不满呢?这是一种怎样的心理?何时在孩子心中种下了这颗自卑而又不知羞耻的种子呢?"我陷入了深深的自责:或许是我说错了什么?是不是自己的教育方法出了什么问题?一连串的问题在我脑海闪现。

按照我和学生的约定,我带他们来到电脑房。孩子们认真地写着博文,我坐在讲台前,看着一张张可爱的脸庞,心潮起伏。

小聪也在专心地敲击着键盘,似乎忘却了刚才的不悦。"你不是垃圾！"看着这个孩子，我在心里一遍一遍地纠正着。

小聪是一个特别开朗的孩子，但好动、好斗、好玩，成绩总坠在班级最末几位，而且没有哪一门功课能拿得出手的，尤其是英语，每次考试基本不及格。现在到了六年级，进度快，难度大，容量也大，他自然成了每个老师眼中的"香饽饽"，批评、补课之类的事情常常轮到他。去年因小腿严重骨折，在家里待了半年左右，回校后变得更懒散，更贪玩了，还有厌学的情绪。更糟的是还多了一个"油腔滑调"的毛病，任何人的批评他都能一笑而过，好像没有自尊心了似的。

孩子在成长的过程中是会出现这样那样的心理问题。但上文他说的那句话，我认为是一种极度自卑的心理而产生的一种适应性，在心理学上称之为"认知失调"①。这也是许多差生对自己的自我认同，这绝对不是一天两天形成的。反思自己在教育过程中的问题，的确在潜意识中，对于后进生会有一种定式的看法，虽没有在嘴上说，但我们的行动有时有意无意地就触动了孩子心中的那根脆弱的神经，加剧了这种适应性。

"我就知道老师要检查我的……"话语间其实还是透露出了一点信息，那就是老师的点名或检查习惯了从差生开始。我们老师是否经常这样做？因为孩子们都认同一点，优秀的孩子不需要老师的检查，那老师检查我的，必定我就是差生了嘛！想法很奇怪但也是很合理的逻辑，我自己也经常会做这样的事情，尽管是无意的，但如果经常在同一个孩子身上出现同样类似无意的"检查"，孩子心里会怎么想？这样做的结果就会迫使这个孩子将自尊心放低，将良好的自我期待收藏起来,会用低自尊来平衡自己的不足或减少认知失调所带来的心灵痛苦,最终达到自我保护。长此以往,就会形成"自卑适应性",甚至是自暴自弃。

"我的作业也是垃圾嘛!"看似简单又无意的一句话,细细分析来,让人不寒而栗。我也应该好好反思自己工作中的言语或教育方式,我不敢说孩子的现状就是这样造成的,但至少说明一点,教育无小事,但事事关系到孩子心理健康与否,关系到孩子未来的成长,疏忽不得。

2010年4月2日

 主题品悟:自卑

自卑是一种性格缺陷,自卑性格的形成往往源于儿童时代。当孩子觉得自己全无价值时,他们就会失去对抗的勇气,会透过表现无能来逃避别人对他的要求,有点"我是流氓我怕谁"的姿态。自卑的极端形式就是自暴自弃,在心理学上,是指一种自我否定,低估自己的能力,觉得自己各方面不如人,可以说这是一种心理认知失调,也是性格的缺陷。

作为教师,要重视并了解学生出现这个问题的原因。要多去发现学生的长处,树立他的自信心,引导学生进行正确的归因。更要在平时的教育过程中注意言辞,注意对话的方式,要善于运用表扬与肯定的方法树立学生的自信心,切不可盲目批评、打击。

 知识链接

①**认知失调理论**：美国社会心理学家费斯廷格提出的一种理论，认为在一般情况下，人们的态度与行为是一致的。在态度与行为产生不一致的时候，常常会引起个体的心理紧张，引起认知失调。随着理论的发展，当前的认知失调论认为，只要是人们的态度以及所经历的事和自己良好的自我形象有冲突时，就会产生认知失调。

老师认错又何妨

作为教师,我们整天教育学生要勇于承认自己的错误,什么犯了错误不要怕,改了就是好孩子,什么错一错二不能错三错四等等。但是,如果犯错的不是学生,而是教师自己,又该怎么办呢?是置之不理,还是勇于承认错误?

上星期二晚上,我拿着一叠课堂作业本走进教室。说实话,这一课时的作业学生做得很不理想,也许因为暑假的原因,上一周学生的书写一落千丈,令我很生气,我想利用晚自习的时间把作业好好评讲一番,改变一下书写面貌。

我正讲着,偶一抬头,发现前排的小鸿低头不知道写着什么。他写得还挺认真,连我走到他面前都没注意。我一看,他正在做数学作业,我猜到肯定是数学作业也没做好,正在重做。我的火气一下子上来了,抓起他的练习本子,狠狠地摔在了地上。教室里一下子静了,同学们都睁大眼睛,有的把笔放下了,有的推了推鼻梁上的眼镜,有的手指还抠在门牙上也停止不动了。他们完全被我的举动弄蒙了,呆呆地看着我,嘴唇似乎也因紧张抿得紧紧的。当时因为气急,我并没太注意这些,而是继续讲评作业。

课后,我越想越觉得这不对劲,当时的自己是不是有点冲动了?毕竟是自己把不良的情绪带进了班级。学生呆愣的神情和举止又浮现在眼前,我的心里开始不安。下课后,我想起去找那个被我摔了作业本的男孩儿,可他已经走了。

就这样,这件事坠在我的心头,无法放下。

第二天早上上班,第一节是我的课,我挑了本崭新的作业本走进教室,站在讲台上,沉默了良久才说话:"同学们,从昨天到现在,老师一直为一件事情感到不安。"接着我就把昨天晚上的事情说了一遍,末尾我动情地说:"老师不是圣人,同样会犯错。今天我在这里先向小鸿认个错,希望他能原谅我。"说着,我走到他面前,庄重地把崭新的练习本递给了他。小鸿有些不知所措,一下子呆住了,睁大眼睛看着我。可能他怎么也没想到会有老师向他承认错误。

此时,教室里又是一片安静,同学们都用一种很奇妙的眼光看着我,这是和昨天晚上迥然不同的目光。我明白,他们有一个共同的疑问,那就是老师怎么会向我们承认错误呢?果然,课后有同学问我:"老师,你怎么也会向我们小朋友承认错误呀?真奇怪。"我对他们笑了笑,没有作答。

后来一位同学在这一天的日记中写道:"今天,老师向我们小朋友承认错误,我感到很特别,老师真好!"语言很朴实但发自内心。就在这件事之后,我惊喜地发现,我与学生之间的关系更近了。

作为教师,我们面对的是一群天真烂漫而富有模仿力的孩子,我们要尊重自己的职业,要谨言慎行,要时时反思自己的工作,尤其是在学生面前犯的错误。其实,老师向学生认错并不掉身价,反而让学生觉得这才是一个真实的老师,让他们喜欢的老师。

2006年5月24日

 主题品悟:认错

"人非圣贤,孰能无过。"教师在教育教学中所犯错误,大致有两类:一是传授知识有误;二是批评学生出错。无论何种错误,如不及时纠正,都会给学生的成长带来伤害。

在教育方面,由于教师对学生缺乏了解,学生存在问题时,又不去进行调查研究,采取过于简单的方法,可能会错怪学生。当教师发现自己错怪了学生,就应主动澄清事实,向学生检讨自己的错误。学生一定会原谅你,并从内心里敬重你,从而化解师生间的矛盾。倘若教师坚持错误的做法,来个将错就错,伤的是学生的心,产生的是学生对老师的不满情绪。

"师者,传道、授业、解惑也。"教师的品行和素养是教师发展的一个重要前提。因为教师的一言一行、一举一动对学生的影响都是巨大而深远的。因此,教师有错也要敢于承认,这样还能拉近师生间的距离,增强亲和力,使得师生关系更加和谐。

班级"预约谈心制"

开学一个礼拜了,学生的状态还算不错,比我预想的要好得多。因为根据往年的经验,春节后的这个期初,学生的思想起伏还是比较大的,毕竟过了一个超级放松的假期,学生变得懒懒散散,很难进入学习状态,甚至连作息时间也很难调整过来。这几日学生在日记里写得比较多的主要集中在睡眠时间不足上,看来这班小家伙在家里都是习惯睡懒觉了。也难怪,谁不想在假期里好好睡上几个好觉呢!

开学的前两天也没准备上新课,可能自己也没做好准备,算是给自己一个缓冲的时间吧。于是和学生聊聊春节里的见闻,给孩子们上了一节《马年聊马》的综合课,学生还是非常感兴趣的,原来中国的马文化会如此丰富。同时,我也想借此机会给学生鼓鼓劲,希望他们在马年,在新的学期里能收获更多精彩,毕竟再过几个月他们就要毕业了,每次想到又要送走一届学生,心里还是有隐隐的失落。那就让彼此都珍惜这段时光吧。

　　这一周的重点工作除了备课、上课以外,可能更多的就是和学生谈心了。虽然大部分孩子都能以最快的速度适应学校的节奏,可也有例外。这不,小石在回校的当晚就玩起了"失踪",原来是想妈妈了,也不跟我打声招呼,独自跑到学校电话亭,而且还冒着雨给家里打电话,说不想读书了,就想回家,害得家长紧张不已。多可爱的想法呀!但这的确也反应出孩子有"开学恐惧症"。于是,我找到了她并做通了思想工作,也许只是暂时的,还得继续关注。不过一周下来还算稳定了。

　　小史也是重点关注的对象,开学第一天他妈妈送他进教室,看样子在寒假里修养得很好,身体又胖了一圈,减肥效果显然不怎么明显,我真替他担心,以后体育如何过关哪!不过看起来心情不错,这让我放心了许多。但小黄却有点儿孤独,一个人坐在位子上,我问一句他答一句,似乎心里有什么不痛快的事情,可就是不说,满脸愁容的样子,不知道发生什么事情了,我猜不会也是想家了吧!

　　这几日每天都在找几个孩子谈心,一是了解假期里他们的学习情况,二是摸清孩子们的思想状态,给他们鼓励和提醒。但我发现每个被叫到办公室或教室外边谈心的孩子总是放不开,有点"金口难开"的样子。看来到了六年级,学生也不一定会将心头的话告诉你,或许自己的谈心方式的确也存有问题。其实学生同教师个别谈话时,有很多种心态:

　　一是学生猜不出老师找自己谈话是批评还是了解情况,谈话之初,他们还会揣测老师的用意。比如像班里几个表现不怎么好的孩子，无论怎么引导，就是想办法找一些托词。即使是成绩很好的学生，当面对老师谈话时也没显得那么自然。

二是学生犯了错后，一听老师找他个别谈话，会很自然地产生"防御定势"存有戒心，往往想好防御对策。

三是学生偶犯错误或所犯错误较大时，有一种惶惑心理，表现出情绪紧张，坐立不安。这样的心理环境下不可能有较好的谈心效果。

说到底，与学生谈心就是一件很随意的事情，用不着中规中矩，一板一眼。因此，谈心对环境的选择很重要。谈话环境的选择，要根据谈话的内容和谈话对象的个性差异。有的谈话适合在办公室或教室等公共场合，对犯错误的学生具有威慑力，从而促进其改正错误；而对那些顽皮的学生应在安静的地方与其聊天，效果会好得多。

有时候自己也把学生叫到办公室里谈心，其实这对学生会造成很大的心理压力，加上别的教师在一旁"敲边鼓"，也会使学生心理上产生反感。这时候学生的心灵是封闭的，即使是苦口婆心的说教，也不会产生好的效果。因此，谈话的内容选择也显得很重要，什么样的内容可以在正式场合谈，什么样的内容不能在正式场合谈，都要认真思考才行。

自从上学期我采用了一种"预约谈心制"的方法，情况有所好转。为什么会想到这一招呢？

期初，学校会给每位教师下发了"谈心记录册"，让老师们制订好学期谈心的计划，确定重点关注的对象，记录每一次谈心的时间、主题和谈话过程。这项工作的出发点是好的，也是想让教师能及时关注每一个孩子的心理状况,想办法去解决孩子出现的各种问题。但有时候我们的谈心未必会像计划中的那样,因为谈心是一项看似随意的交流,其实是在某种氛围中进行的,而不是预设好的。而且大多数都是老师主动找学生谈心,因为到了期末学校还得检查谈心记录册是否填满,是否完成了谈心任务。如果把谈心也看作一项任务去完成的话,那这样的谈心制度效果会大打折扣。

后来,我就想,能否让老师找学生谈心变为学生主动找老师谈心呢?这样或许谈心的效果会更佳。

第一,学生要找你,首先他是信任你的,认为你是值得交心的,也认为你是可以帮助他的。要让学生信任,有一定难度,平时应具有一定的亲和力,显得平易近人,而不是不分青皂白随意批评他人。

第二,要学会聆听。学生找你,有时候是想找一个人向其倾吐心中的烦恼,减轻心理负担。所以在谈话的时候,老师只是聆听者,千万不要做是非对错的结论,如果随意判断对错,也许会加重他们的心理负担,不仅没有达到目的,反而后果严重。

第三,多为学生着想。谈心不是随时随地,有些谈话内容不适合有第三者出现,所以我们应该找一个安静的地方。有些内容,不宜让其他人知道,就算学生犯了错误,违反校规,我们也要守口如瓶,不要在公开场合提及谈话内容。学生是很敏感的,否则下回就没有人愿意主动和你谈话了。

通过以上思考,我设计了一份"谈心预约单",交给班级心理疏导员小史管理,上面设计了"学生姓名、预约教师、心情指数、谈心缘由"等几个栏目,当学生需要找老师谈话的时候就可以领取预约单,填写好并以自己的方式交给我,我会跟孩子预约好谈心的时间和地点,保证谈心的私密性。其中的"心情指数"我设置了五颗空白的星,如果是开心的事儿想与老师分享,那就用红笔涂色;如果是心情不佳就用黑色表示。开心或失落的程度越高,所涂星的颗数也就越多。这让孩子对自己的心理状态首先有个自我认识,然后再有针对性地与老师谈心。

刚宣布了这项制度,这些天就有孩子拿着"预约单"来找我,就这样,慢慢地将谈心的主动权交给了孩子。这样双方都会对谈话的内容做好事先的准备,彼此都会有足够的心理准备,放下包袱,坦诚相见。

(附部分谈心案例)

【案例一】我的努力白费了

这是班里一个特别喜欢电脑的学生小方写的一张预约单,放在我的抽屉里。上面写着:"叶老师,我觉得这段时间的努力都白费了……"乍一看,我也不知道出了什么事情,赶紧安排时间谈谈吧。

我们见面的时候,他也不那么紧张,直接就问我:"叶老师,我今天找您谈心,是我想知道上一周交给电脑老师的那张电脑绘画作品画得怎样,能参加科技节的比赛吗?电脑老师没有给我答复,我想肯定没希望了……"言语当中无疑透露出了失落与无奈。原来是这件事情,我肯定了他的努力并答应他一定找电脑老师给他一个答复,这让他悬着的心放下了。

谈心结束后，我马上与电脑老师取得联系，其实是因为学生上交的作品很多，老师批阅也需要很长时间，小方的作品早已入选了，只不过没有通知他而已。当我把结果告诉小方的时候，他兴奋不已。

学生的情绪就是这样，当你没有走进他的时候，你并不知道究竟发生了什么。就这么简单的一次谈心，化解了多日来学生纠结的心情。

【案例二】我想向您认个错

要让学生，尤其是高年级学生主动认错不是一件简单的事情。

今天就收到了一份预约单，上面写着：叶老师，我想解释一下那天偷买汉堡的理由。我以为周末回家的上午是可以买的，因为上次在您那里拿了30元钱，回家那天生活老师把余下的钱给了我，觉得这件事儿可以做，于是就买了一个，不过我保证以前绝对没有买过，以后也不会再买零食了，对不起！

这是一个非常淘气的孩子写给我的，让我很意外，我没想到平日里基本上不轻易承认错误的孩子居然找我谈这件事儿。或许也正是师生之间的彼此信任，让我们的谈心得以实现。

【案例三】老师，请您帮帮我

这是一位"师父"写给我的预约单（因为班级开展了师徒结对活动，以帮助学习有困难的同学一起进步）。单子上写道:"叶老师,最近我为了徒弟甘露写日记的事情感到很操心、烦恼,因为她有时好几天都不写,我很担心,这样下去可不是办法。但我每次催促她,都无济于事,我可怎么办呢?她的懒惰让我无计可施,叶老师,请您帮我想想办法吧!"

看来这孩子对徒弟的关心是发自内心的,但在实际的工作中遇到了困难,想得到我的帮助,其实我也还真没想出什么更好的办法帮助她,但我很真诚地与她谈了一次,这无疑是老师给她最大的动力和信任,因为在学生的眼中,你就是一个可以信赖的人。

就这样,我经常与学生用这样的方式谈心,预约谈心制也成了班级一件轻松而意义非凡的事情,它也让我和学生的心贴得更近了。

与学生谈心是一项技巧性很强的工作,除了"动之以情,晓之以理"之外,更需要一种平等、互信的态度,不妨多一些随意更好,大可不必"一本正经"。当学生主动找你谈心了,你给了他真实的帮助,学生内心一定也非常开心,良好的师生关系也因此得以巩固和升华。

2014年10月21日

 **主题品悟：谈心**

谈心是班主任工作的一个重要组成部分，是师生双方心灵交流的一种方式，也是教育者运用语言实施教育的重要手段。教师必须以平等的态度诚心诚意地对待学生，关心和体察学生的感受。谈心是一门学问，是一种教育艺术，也要掌握一定的技巧。

与学生谈心，首要的一点是要让学生觉得老师可亲可近。教师要放下高姿态，不必以一种说教者的身份居高临下。这样学生在得到尊重的同时，也会反过来尊重老师，他们才愿意对我们敞开心扉。

另外，要使谈心收到预期的效果，还要因人、因事、因地制宜，有的放矢。例如，除了传统的和学生分享日记、评语、书信等交流手段之外，还要创新性地开展谈心教育。"预约谈心制"就是一个很好的尝试。

一次教育"冒险"

今天上午，值周老师在广播里宣读了学工处的一份通报："……本周的德育检查重点是——晚间课间餐点心的牛奶袋不带出教室，确保校园卫生干净整洁。但我们在检查过程中依然发现个别班级违反学校规定，而这次只有一个班级未做到，就是607班，我们在走廊上发现了他们班的牛奶袋（每个班的牛奶袋上均写有班级号），现予以全校通报批评……"听到这里，我知道后边就是警告扣分之类的了。这刺耳的批评让我这个班主任情何以堪啊！这几日我都在强调这件事儿，况且全校只有我们班"独领风骚"，一股莫名的怒气涌上心头，此时只想冲进教室揪出这个始作俑者，以解心头之怒。

刚好下节就是自己的课，决心好好解决这个问题，就连批评学生的"台词"也想好了。可待我稍稍冷静了几分钟后，还是觉得如果就这么冲动地去解决这个问题，学生能承认吗？真的有效果吗？六年级的孩子自尊心和自我保护的心理都很强,搞不好会弄巧成拙,让自己尴尬。基于对班级学生的了解,我改变了思路,决定来一次教育"冒险"。

来到班级,学生们正襟危坐,个个脸色凝重,空气中弥漫着暴风雨前的沉闷。我们似乎都知道对方心里在想什么,接下来会发生什么。但我控制住了自己糟糕的情绪,这让他们感到些许放松。

我朝他们笑了笑,这让他们有些意外。他们的眼睛分明告诉我:"今天班级被通报批评了,叶老师怎么不发火呀?"

"你们今天怎么了,这么安静,你看,个个脸上那么严肃。"我不紧不慢地说道。

有的学生把头低下去,一位胆子大点儿的学生站起来:"老师,这周的流动红旗肯定没有了,昨天晚上我们班被学校通报批评了。"

这倒在我的预料之中,我就希望能尽快解决问题,继续追问道:"哦,那你们知道是谁干的吗?"

这样的问题基本上是白问了,他们没有一个人理睬我,互相看了看,谁也不说话。我心里明白,他们就这么轻易承认了,我这个班主任当得也太轻松了。六年级的孩子,都会顾及面子问题,绝对不会轻易承认,而且是在大庭广众之下。我想继续开导一下,看看结果如何:"同学们,一个人做错了事情并不可怕,可怕的是没有勇气承认自己的错误,只要勇敢地站出来,承担自己造成的后果,相信大家一定会原谅他的。"班级一阵沉默,又是石沉大海,这样的教育方式也太普通了点儿。学生们的沉默继续在考验着我的智慧与耐心。

于是，我悄悄地取出事先准备好的一叠小纸片，轻轻地放在桌面上。学生面面相觑，根本不知道我要干什么。

"同学们，我知道昨天晚上带出牛奶袋的同学的内心一定备受煎熬，因为他也很想承认这件事是自己做的，可暂时还没有这份勇气。我也知道班级的每一位同学都热爱这个集体，我的责问和同学们的眼光也许会让你感到压力。一个人做错了事儿，关键在于是否有改过的勇气。我们都是文明的万里学子，难道今天就栽倒在一个小小的牛奶袋上吗？这样吧，我与同学们商量一下，我们也给这位同学一次承认错误，放下包袱的机会好吗？我给每人发一张小纸片，如果昨晚的牛奶袋是你扔的，请在纸片上写上姓名，然后画个'√'，不是就画个'○'，最后把小纸片投进讲台旁边的纸盒里，我一定会替这位同学严守这个秘密，同学们也会为这位同学的勇敢送上我们的掌声，你们觉得可以吗？"

我的这段深情话语还有点效果，学生们改变了一下坐姿，有的互相点了点头，有的还迫不及待地拿起笔来，接受这一次道德的考验。说实话，这其实是对我教育智慧的考验呀！因为我不知道接下来会出现什么情况，万一所有的纸片上都是画"○"，我该如何收场，但我还是决定冒一次险。

我还是坚信自己的做法是对的。学生们很快填完纸条，折好后逐一放进讲台上的纸盒里。盛满纸片的盒子，在我看来是沉甸甸的，它承载的是我和学生之间那份彼此最珍贵的信赖。

接下来，纸条被我一个个打开，同学们的眼睛紧紧盯着我的手，也在期待"奇迹"的出现。随着纸条数量的减少，教室里的气氛越发紧张,我的心也越悬越高。纸条上的一个个"〇"让我越发感到不安。心想:这班孩子可不要让我失望啊!可就在我打开最后一张纸片的时候,我的心因激动而狂跳不止。这是一张叠了好多次之后的纸条,又被揉成一个小纸团。我小心翼翼地展开它,一个用黑色水笔画着的大大的"√"跃入我的眼帘,旁边还有两行字:"昨天的牛奶袋是我扔的,上一周我还扔过两次,不过没有被发现,对不起,谢谢叶老师!"后边跟着一个小小的签名。我微笑地盯着纸条看了一会儿,学生们已经意识到什么了。教室里爆发出热烈的掌声。我知道学生们的掌声不仅仅是送给这个勇于承认错误的孩子,或许也有送给我的吧。

我用余光看了看那个孩子,他也瞥了我一眼,我们用心感受着彼此内心最温暖的力量。答案至今只有我和那个孩子知道。我也一定信守诺言,永远保守这个秘密。在后来的日子里,我们再没有从广播里听到那刺耳的"通报"了。

我很庆幸,为今天的"冒险"之旅,望着窗外,深深地吸一口气,心里变得无比轻松。

突然想起课文《珍珠鸟》的最后一句话:"信赖,往往创造出美好的境界。"的确不错,信赖,往往是教育中最伟大的力量。

2011年5月16日

 **主题品悟：信任**

爱就是一种信任。学生对老师的信赖，师生之间的相互信任，孩子在老师身上所看到的人道的典范，这些都是基本的，同时也是最复杂、最明智的教育规则，教师掌握了它就能成为真正的精神导师。

美国的一所学校，图书馆的门经常被破坏，学校将木门换成了铁门，仍无济于事。过不了多久，铁门仍然被踢坏。学校来了个新校长，他下令将门换成玻璃的，当时大家都很费解，可是奇怪的是门再也没坏过。有人去问校长，校长笑笑说："装铁门，就意味着对学生说'看你们能不能踢破？'充满了挑战的味道，装玻璃门则意味着信任学生，相信他们一定会爱护这道门，播种信任，才能收获信任嘛！"

这个小故事向我们展示了信任的力量，教师的信任，往往会激发学生强烈的责任感和上进心，从而促使学生积极主动地趋向教师所希望的道德标准。

说你行,你就行!

当一个人在无意识中接受了一定向导,并做出与之相一致的行为的现象,在心理学上叫作暗示效应[1]。人们的言语、行为,外部的环境等都能产生暗示效应。积极的暗示就得到了积极的结果,消极的暗示就得到了消极的结果。有句话说:"说你行,你就行,不行也行;说不行,就不行,行也不行。"这充分说明了暗示的力量。如果我们把它运用到教育教学中,这将会是多么强的魔棒。

小项是班里一个非常内向的男孩,去年刚接手这个新班时就发现他的与众不同,从来不在课堂上发言,更别说主动举手了。在四年级一年的时间里,我统计了一下,我的语文课堂上他总共举手不会超过三次,只有在我的有意"强迫"下才会勉强说上一句话,但声音轻得连同桌也听不清。平时与人交流,眼神闪躲不定,只问不答。我见过内向的,可没见过这么内向的孩子。

每次与其家长见面,聊得最多的就是关于孩子的性格问题,

"到底怎么办"成了家长的"心头之痛"。因为家长可不希望自己的孩子,特别是男孩子成为一个不善于与人交流的人。我也意识到这个孩子问题的严重性,这不仅仅是性格问题,或许还有多多少少的交往心理障碍,说到底就是孤僻自卑的心理在作祟。

今年开学伊始,我就有意识地对他进行心理疏导。首先得找到原因才能对症下药。

经过了解,我才知道他在家里的生活状态:长期一个人待在家里,交流的对象除了电脑就是电视,没有同龄伙伴交流,父母又监管不力,致使他沉迷网络,不能自拔。家长极少能有时间与孩子谈心,长此以往,自闭的性格逐渐形成。这是原因之一。

其二,因为本身学习成绩并不理想,在班上得不到同学们的认可,这么多年来就没有得到过什么表扬和激励。在班上似乎成了一个可有可无的人,这也难怪他对外界的人和事不感兴趣。

其三,从心理学的角度看,我认为这个孩子的自我评价能力出了问题。他不能正确分析自己的能力,自己轻视自己,也看不到自己身上的优点,不敢参与任何竞争,对学习与交流活动采取逃避行为,过于敏感,处处退缩,自尊心又极强,常把别人无意的言行视为对自己的轻视。这样长期累积,必将导致他自卑心理的形成。这与我平时的观察也是相吻合的。班上无论发生什么事,不管老师问什么,都与他无关。

找到了原因,必然要采取相应对策,提振孩子的自信心。我相信每个孩子都有表现自己的欲望,只是缺乏一定的情境或适当而持久的激励而已。

辑三 解铃还须系铃人

我先做通了家长的思想工作，指导他们在家里如何关注孩子的心理变化，做到监管与激励并重，并能与老师保持密切的联系，指导孩子为自己设定一些近期目标②，并对孩子发生的点滴进步，加以放大。在精神和物质上大力赏识他，让他认识到他人是关注自己的，并能对他的积极行为予以积极评价，从而找到信心，相信自己一定能行。这一点尤为重要，特别要长期坚持这样的心理暗示。家长也非常配合我的工作，这学期在这一点上也逐见成效。

上个周末他的妈妈在班刊的留言板上写下了这样的话：

> 这个月来，孩子的变化比较明显，在家做作业自觉多了，电脑也少玩了。老师说他在课堂上也能大胆举手发言，我很高兴也很欣慰，这说明我儿子已经长大懂事了。听他说这次英语考得也不错，我真的感到很高兴，希望他在期末也能考出高分，加油儿子，妈妈知道你是最棒的。不过这些全靠老师们的教导，在这里我向所有老师说：你们辛苦了，谢谢！

我把家长对小项的评价也及时反馈给他，并在全班同学面前宣读了家长的留言，这让他高兴了好一阵子。

如果要真正转变这个孩子过去的品性，最重要的还是在学校，在班级。老师和同学对他有足够的重视才是最关键的。我发现这孩子虽然不爱说话，但有一点他做得最好，每次课前准备他是动作最快的，而且一节课下来坐姿最端正的必定是他。这让我找到了突破口，因为其他方面还真的很难发现能让大家认可他的优势。于是，这学期我就从他的这个地方做文章。每次上课,我都会有意识地表扬他比其他孩子做得好的地方,这让他感到很意外,我从他的眼神里可以感受到他日渐地自信起来。上课的过程中我更是有意识地点他发言,并当着全班孩子的面,鼓励大家像他那样听课。当然一段时间以后我会附加一个条件:如果他能够自己主动举起手把心里想到的讲给大家听,那他一定是最棒的!

这样不断的暗示,慢慢起了作用。有一节语文课,小项居然主动举手站起来读了两句话。虽然声音很小,可这对于我来说,是一次极好的契机。我大力地表扬了他的勇敢,赞赏他能为自己的小组赢得荣誉,并给他加了一分,同学们给了他最热烈的掌声。

从那以后,我经常为他提供这样表现自我的机会,充分挖掘他身上的闪光点,让他获得成功的愉悦与自豪。就这样,我发现这孩子在悄悄发生着变化,每节课都能看到他那自信的高高举起的手,听到他字正腔圆的表达。在与他人的交流上,小项也变得随和自然多了,这让我感到很欣慰。

"说你行,你就行!"暗示的作用是润物细无声的,所以我们平时应多给予孩子一些积极的暗示,让我们的学生更多一份自信。

2014年1月18日

 **主题品悟：赏识**

有人曾问居里夫人,你成功的诀窍是什么?她肯定地回答:"恒心和自信心,尤其是自信心。"一句简单的鼓励,一个肯定的眼神,看来微不足道,但对于缺乏自信的孩子,可能会产生不可思议的影响,这就是积极心理暗示的妙用。

美国心理学家威廉·詹姆士认为,人性中最本质的东西,就是希望得到他人的赏识。在教育教学过程中,我们对待学生不是鸡蛋里挑骨头,而是骨头里挑肉,哪怕只是找到一丁点儿肉末丝儿,也要看成是一块好排骨,及时给予赏识和激励。

赏识激励要求我们及时给学生创造一个改正缺点错误的机会,并进而指导学生进行自我反思与体验,让学生也能体会到成功的喜悦,用鼓励、耐心帮助他们建立起自信。因为我们的赏识激励并不能改变与扭转一切,只有当学生用实践把老师的赏识激励转化为自己真切的体验与感悟,才能清晰地发现自我、正视自我,有效地调控自我,真正实现自我发展。

知识链接

①**暗示效应**:指在无对抗的条件下,用含蓄、抽象诱导的间接方法对人们的心理和行为产生影响,从而诱导人们按照一定的方式去行动或接受一定的意见,使其思想、行为与暗示者期望的目标相符合。一般说来,儿童比成人更容易接受暗示。

②**近期目标效应**:在1984年日本东京和1986年意大利米兰

国际马拉松邀请赛上，日本一位名不见经传的矮个子马拉松选手山田本一两次夺冠,令人大感不解。10年后,他在自传中解开了这个谜,每次比赛之前,他都要乘车把比赛路线细细地看一遍,并把沿途较醒目的标志画下来。比如：第一个标志是一栋高楼；第二个标志是一棵大树……这样一直画到赛程的终点。开始比赛时,他就以百米跑的速度,奋力向第一个目标冲击,等到达到第一个目标后，他又以同样的速度奋力向第二个目标冲去……他便轻松地跑完了40多公里的路程。后来人们把山田本一的这种化整为零、消除对长远目标的恐惧,并快速实现目标的效应称作"近期目标效应"。

我是班级30号

今天下午第七节课一下课,组长小天就跑到办公室喊我:"叶老师,轮到我们组做值日啦!快点来,我们已经开始啦!"啊?差点儿把这事儿给忘记了,今天轮到我和第四小组的学生们一起做值日,我赶紧停下未批改完的作业,跟着这位组长一齐朝教室奔去。

这个学期班上一共有29位学生,自从班级重新分配了小组,无论怎么分配,总是有一组缺了一位同学。这不,这一周开始,全班分成5组,其中有4组每组6位同学,而有一组只有5位同学。这下他们的组长可不干了,跟我诉苦道:"我们组少了一位同学那该怎么办啊?那我们肯定竞争不过其他小组的,再说劳动的时候,我们的力量也不够呀……"

我听着他没完没了的诉说,觉得也有道理,孩子嘛!要的就是老师不偏心,心情可以理解。可我一时还真拿不定主意,不知道如何才能公平一点。

我突然灵机一动，与其这样伤脑筋，何不把自己也算在内呢？我连忙说："同学们静一静，从今天起，我们班又多了一位同学。"话音刚落，班级里刷地一下寂静无比，大家面面相觑。我故弄玄虚地宣布："这位同学就是——我！"

看着他们个个嘴巴张得老大："啊?!"我想他们一定很意外。"从今天起，我正式加入到小天的小组，我们就是自己人啦……"还没等我说完，班级里一阵哗然。有鼓掌的，有呐喊的，特别是小天一组的同学都蹦起来了，更多的眼神分明告诉我："怎么会有这样的事儿啊！"

就这样，我成了他们中的一员，他们也为我编了学号——30号。我还与小天同学成了同桌。他赶紧为我整理好课桌，还恭恭敬敬地拿来一把椅子邀请我坐下。自从我与他成为同桌后，小家伙的课堂表现好像也认真了许多。我答应他们，成为班级一员后，一切要求都按照班级公约规定来办，当然就包括轮流做值日，所以才有了刚才的一幕。

来到教室，他们已经分好工了。有的在摆桌椅，有的在扫地面，还有的已经去冲洗拖把准备拖地了。我在组长的安排下负责扫地，还有拖第一组的地面。大家都用好奇的目光看着我，干活的劲头似乎更足了，原来老师扫地也不赖嘛！很快，在大家的共同努力下，教室地面焕然一新。我和孩子们看着自己的劳动成果，满心欢喜。我告诉他们："下次值日别忘了通知我哦！"

同学们和我相视而笑，真是一次别样的劳动。

2012年3月29日

辑三　解铃还须系铃人

 **主题品悟:陪伴**

班主任是一个班集体的当家人,是一个班集体的组织者和教育者,同时也是班集体当中的一个成员,和学生应处于平等的地位。在班级里,所有的教育教学活动都应该建立在平等对话的基础上,以与学生平等的身份参与班级管理,参与学生的活动,让学生感觉到老师其实就是自己人①,只有这样才能真正走近学生。

有人说:"教育就是陪伴。"是的,教育是充满感情的,班主任应该是一位富有人情味的人,应该是陪伴孩子成长的人。所以我们有时候要放下自己的威严,主动亲近学生,将自己变成他们中的一员,在具体的班级活动中,平等参与、共同决策、共同完成,变"师道尊严"为"平等合作"。这有利于增进师生情谊,促进相互了解,建立和谐、融洽的师生关系,从而为班级注入新的活力,也为班主任工作增添润滑剂。

 知识链接

①**自己人效应**:在人际交往中,如果双方关系良好,一方就更容易接受另一方的某些观点、立场,甚至对对方提出的难为情的要求,也不太容易拒绝。这在心理学上叫作"自己人效应"。此心理效应在教育管理当中更多地表现为对话双方的对等关系,以及相互信任的程度较高。

解铃还须系铃人

只要走进我们班,一定有一个男孩儿会引起你的注意,他就是小轩。说说这个孩子的特点吧:平时暴饮暴食,不爱锻炼,肥胖的身材与这个年龄并不太相符;戴着一副黑框眼镜,喜欢沉思,喜欢看书、写作,大家都说他很聪明,甚至有点另类。只看其形象,是看不出这个孩子与其他孩子有什么太多的不同。随着我们慢慢地接触与了解,其实这是一个很特殊的孩子。他来自特殊的家庭,父母已经离异。在自己的教育生涯中也遇到过很多来自这样家庭的孩子,多多少少我提醒自己要多关注他,也许在其外表之下隐藏着一颗别样的心。

在平时的教育过程中,我很留心观察这孩子。因为阅读量大,知识面广,表达能力也不错,在课堂上他常常能带给大家一些惊喜,他的回答总是会让别的同学羡慕不已。有时候班级上完公开课,总有老师向我打听他的名字,因为他在课堂上的回答总是充满个性,这也证明他是一个思维与众不同的孩子。我也为班级里有这样的孩子感到高兴,多次在同学面前夸奖他,也告诉他的父母孩子的表现非常出色。但后来发生的事情不得不让我感到震惊。

有一次,他在生活区因为与生活老师的意见不同而顶嘴,而且态度极其恶劣,这让我深感意外。后来经过了解,居然是因为老师要求同学们统一着装而他却坚决不从引发的冲突。还有一次是因为与同学意见不合而大打出手,因为身强力大,自然占了上风。找到他后,他根本不分对错,不讲道理,竟然不断顶撞我,着实也让我领教了一回他的"厉害"。在班级里他也经常与同学发生诸多不愉快的事儿,有时就因为一些鸡毛蒜皮的事情而大吵大闹,也不分场合就发作,因此他的朋友也不太多。

于是,我向他的父母了解了其在家时的情况,居然发现他在家里也是三天两头与父母顶撞,全家人都尽量让着他,由着他的性子来。这些事情让我感到这个孩子有着与众不同的叛逆,不知道除了家庭因素以外,他心里是否还有别的解不开的心结。

接下来的日子里,我总是不经意或找机会走近他。刚开始他还是有戒心的,并不希望别人去干扰他。与他谈话,他的表现也是漫不经心的,没有实质性成效。有时候看着他一个人孤独地生活在班级里,心里也不是滋味儿。但要想就这样靠谈话教育的方式一定是没有明显效果的。

我知道这孩子很喜欢科学,喜爱看书、写作。我平时经常有意在班上读他写的文章,让他在同学们的心目中树立良好的形象,还让他当了科学课代表,这让他高兴了好一阵子。那些日子我看他的状态明显不一样了，而且我发现他经常向我汇报科学课上同学们的表现情况，还能对课堂上表现不好的同学提出批评，并能找犯错误的同学个别谈话。这出乎我的意料，或许这也是一个很难得的教育契机，说明这孩子身上还是有集体荣誉感和正义感的。

经过一段时间相处，小轩变了很多，他也慢慢接纳了我和身边的同学，也慢慢向我倾诉了自己家里的情况和苦恼，还经常给我写信请求我的帮助。后来我得知，一方面是身体肥胖，同学们异样的眼光让他受不了；另一方面是父母对自己的态度让他感到很苦恼，有时候也会因家庭问题而想得太多。而之所以在老师同学面前表现出自己的强势，那是一种宣泄，也是一种宣示，但其内心却是柔软的，非常希望有人关注，他也很希望能通过自己的能力帮助别人。

这学期，我们班举行新一轮班委竞选。我在班委职位里边特意设置了"小小心理疏导员"，希望他能积极竞选这个职位，就当作一次尝试吧。没想到一周后他果真向我提交了下面这份竞选说明（演讲稿）：

> 同学们，你们一定有烦恼无处倾诉，有愤怒无处宣泄吧，我希望能帮助你们。我不求当班长，成为班级的"领头羊"。我只想成为一名心灵"医者"，释放你的压力，因为你的感受我也曾经历过。我不想让更多的人产生误会，我不想让我们带着怨恨离开这个集体。我会尽我的力量解开你们的心结，让你恢复开心、自信、阳光，只有你们开心，才能为班级服务、争

光。我想成为班级的"心理疏导员",请将你的一票投给我,让我成为能为你们解忧的真正的知心人! 谢谢大家。

看着这份简短的竞选演说稿,我很感动,也很庆幸自己为他创造了一个机会。解铃还需系铃人,我想只有唤醒他内心深处那份热情,一切将会变得轻松美好,教育的效果才会最大化。因为教育的最高境界就是学生的自我教育。

经过同学们的投票,他果真顺利当选了。这也恰恰说明大家对他的态度已经发生了巨大的改变。从这以后,我从他脸上读到了更多的自信,感受到了更多的阳光。他对待同学和老师也更多了一份宽容与平和。这样的转变真的让我欣喜万分。

想到小轩,一个画面又浮现在我的脑海中:每天早晨课间锻炼,他那胖乎乎的身体正跟在班级后面努力地奔跑着……

孩子,加油!老师和你一起迎接明天的阳光。

2011年12月9日

 主题品悟:自我教育

心理健康问题是中小学生健康成长的严重障碍。拥有健康的心理品质、熟练掌握心理健康的教育方法是班主任必须具备的基本素养。有时候因工作时间长了,容易形成思维定势[1],喜欢自觉不自觉地以教育者的身份,居高临下地说教,或者批评,或者教育,或

者指点迷津。这样的做法,我们习以为常,感觉到自己尽到了老师的职责,可有时候会事与愿违,教育效果并不好。

学校倡导自主德育②,也就是倡导让学生学会自我教育。"只有能够激发学生去进行自我教育的教育,才是真正的教育。教学生自己教育自己,这是教育者对受教育者所要做的最复杂的一项工作。"苏霍姆林斯基的这句话也提醒我们,有时候也应该调整好自己的心态,转变自己的观念,创造一些条件让学生实现自我认知、自我反省与自我教育,引领学生走向成熟,走向完善,这样才能真正打开学生的心结。

 知识链接

①**思维定势效应**:指人们局限于既有的信息或认知的现象。人们在一定的环境中工作和生活,久而久之就会形成一种固定的思维模式,使人们习惯于从固定的角度来观察、思考事物,以固定的方式来接受事物。

②**自主德育**:是培养受教育者自信、自立、自强、自律精神,促进其身心俱健的全人教育,是培养受教育者的主体意识和学习能力,促进其主动发展的终身教育。

孩子为何也变得功利？

今天中午收到一条短信，一看号码就知道是班里小黄同学发来的，虽然是假期，但和孩子们还是保持联系，除了网上QQ，还有部分孩子也会通过手机短信与我联络，谈谈假期里的生活、学习等情况。

认真看了短信的内容，却不知如何回复才好。

老师，我家里人让我问你一下，上次我参加全国"语文报杯"作文大赛获得的二等奖，对我到时候参加××学校初中的选拔考试有用吗？我家里人都说没用……

短信的大意我想大半是家长的意思吧！至少在我看来，这个孩子不会问我这个问题的。这个询问其实也并无异议，也是家长的正常想法。孩子临近毕业班了，我想很多家长都会面临择校的问题，而择校就意味着竞争，而竞争的砝码是什么，除了有优异的成绩，当然还有更多的附加条件，诸如证书、荣誉之类。这已成为许多学校，尤其是所谓的名校录取学生的必要条件了。虽然教育部出台了各种文件，倡导教育均衡化，不准许举行这样或那样的选拔性考试，但在实际运作中效果如何呢？或许这条短信就是众多家长对教育的一种普遍认识吧。

　　但我的思考是：孩子不应该有这样的思想，家长也不应该向孩子传递这样的思想！学习是什么？在现今社会里已经对其概念有所异化了。孩子的学习已经不是单纯的求学求知，或许还夹杂了太多利益，家庭的也好，个人的也好，附着在学习外面的东西让原本快乐而纯粹的小学生活变得不再单纯，也让原本纯粹的教育变得不纯粹了。就如同当下的暑假，其实暑假带给现在孩子的并不是他们所期望的那样，尽情痛快地玩耍。早在放假前各位家长已经安排了孩子的"假期生活"。在我询问的孩子当中绝大部分都在补习班里了。成绩优异的孩子要提高一下，成绩不佳的孩子要适当"补"一下，社会上的培训机构也是开足马力，热火朝天！这哪里是放假，难怪有的孩子对我说，还是待在学校里好一点。上学期的家长会上，我对在座的每一位家长说，放假的第一件事就是让孩子去玩，当时孩子们拍手叫好，可家长却是满脸愕然，我知道要扭转他们的观念谈何容易。

　　近日看到这样一条信息，某培训机构的暑期培训班招生报名中，很多家长通宵排队等候报名，为的就是争抢一个培训班的学位。如此争抢，实是一种可称为"暑假焦虑症"在作怪，也是功利心在作怪。假期里给孩子报各种培训班或兴趣班成了许多家长重要的选择，其中有些家长根本就不顾孩子是否愿意上这样的培训班或者兴趣班，看着别家的孩子忙着去报名，自己也就开始焦急，这"焦虑症"就很快传染开来。

在我看来，让孩子多学点东西没什么错，但是假如把参加暑期培训班和应试教育联系起来，把让孩子多一门特长当成进重点学校的"敲门砖"，那学习的目的就值得思索了。

换位思考一下，家长的功利似乎也可以理解，但如果这个思想在孩子的内心萌生的话，那就不正常了，甚至有点令人担忧了。

首先应该反省的便是家长：我们究竟将孩子放在了一个怎样的环境？如今不少家长总是不断向孩子灌输这样一个思想：争第一才是好的，只要争得第一，只要能上好学校就行。这样，孩子自然变得凡事只求结果，而忽略了过程中的乐趣。如果孩子的学习也变得功利化，那我们的教育真是失败了。

同时，家长也需要想想，自己曾在孩子面前说过什么、做过什么，是否无意识地将自己成人化的想法暴露在孩子面前？就像这个孩子参加作文比赛绝对不是为了一张获奖证书对将来升学有没有用才决定参加的，如果是这样的话，那学习还有什么乐趣可言呢？

莫让孩子为了功利而学习。

2013年8月3日

 **主题品悟：功利**

家庭是学生成长的摇篮，父母的道德品格和生活习惯，哪怕不经意的话语，对学生都会产生潜移默化的影响，这种影响深深嵌入学生的生命发展之中。

现代社会，很多人都心浮气躁，做任何事都抱着功利的态度。相应的，这些风气也在家庭当中蔓延，一些家长自觉不自觉地就用功利心教育自己的孩子。家长的功利心态会导致孩子的学习目标偏离了正常的轨道。

爱因斯坦就说过："我确实相信：在我们的教育中，往往只是为着实用和实际的目的，过分强调单纯智育的态度，已经直接导致对伦理教育的损害。"

所以，我们需要像台湾作家龙应台那样，对孩子说："孩子，你慢慢来！"多给孩子自由生长的空间，让他们的生命更多一分色彩。

抚平你们躁动的心

这几天班级好像并不太平。

据部分学科老师反映,部分孩子上课特别喜欢讲话,态度似乎变得有点随意了。

个别学生面对老师的批评,有点逆反情绪,虽未表露无遗,但内心还是想法多多,有的甚至私底下叽叽咕咕,愤愤不平的样子。几个"淘气包"变得更加淘气了,课间也好,餐厅也好,成天闹个没完,还喜欢恶人先告状。

昨天春游,学生彻底疯了一把,玩得疯,吃得疯,购物也疯。现在的孩子购买力真强。这不小凡一口气买了好几样玩具:木刀、木斧、弹弓等,玩起来就像一个幼儿园的小朋友。都六年级了,怎么还这样。到了傍晚,他居然拿着弹弓将另一名同学的额头射起一个包,这可把我和生活老师,还有双方家长给忙得够呛,直到今天上午才算把事情解决好,受伤同学的额头自然也打了一个"补丁"。

隔壁班的几个男生居然暗地里买了香烟，偷偷抽起来。好家伙，胆子也够大的。后来经过调查他们只是好奇，非常想尝试一下而已，但这是绝对不允许的行为。

有的孩子开始对异性产生好感了，有班主任也反映个别孩子开始悄悄交往了。上学期也因为班里有了这样的苗头，给班级工作增加了不少负担。

昨天几个平时看起来文质彬彬的小女生，居然趁老师不在从自己的寝室翻过一道小围栏，躲起来吃方便面，看不出来这些小毛孩儿还真有两下子。

今天中午，生活老师又来"告状"：几个男生在寝室不午休，玩起了"叠罗汉"的游戏，居然将所有床上的被子铺在地板上，然后躺在地上，再一层一层往身上堆砌，最终将自己包裹在被窝里，闹得不可开交。

每天我都在孩子们的"闹腾"中度过，根据以往的经验，这种种迹象表明，六年级下学期，的确是孩子们的心理躁动期，我暂且称之为"准青春期"。这些现象每到这个时候都会出现，虽然他们做的这些事情都属于这个年龄阶段"正常"范围内的事儿，是周期性的，但在班级管理过程中还是要引起高度关注。

当然，为了避免以上行为的发生，光靠批评教育，光靠堵的方法是不够的。虽然带了几届毕业班，由于每届学生的特点均不一样，因此需采取的方法也是不一样的。但我们针对"准青春期"的孩子可以从以下几个方面加以关注：

(一)适当的批评警告是必要的

学生有错一定要批评,要旗帜鲜明,以规矩定方圆,而且批评时要有原则:其一,平等原则——不要挖苦讽刺,不要侮辱人格,不要伤人心;其二,给机会改正原则——当学生犯了错误,有的是原则性的,有的纯粹是孩子们玩玩闹闹的,我们要酌情予以处理,不要一刀切。凡犯错统一处置,会引起孩子们的逆反情绪,增添更多不必要的事端。但是,适当的批评警告是完全必要的,而且要一视同仁,这在思想层面上会起到预防的作用。

(二)多让孩子参与集体性活动

后来我也在想,这段时间为什么会发生这么多事情呢?我们不能完全把责任推到学生身上,或许在班级管理过程中还是有问题的。比如:毕业班的学业抓得相对会紧一些,各学科的作业量会增加,特别对于一些爱调皮捣蛋,成绩又不太好的学生而言,是一个很大的压力。再者,活动时间也相对减少了,况且这部分学生就是班级里能量最足的学生。我们都知道当压力达到一定程度的时候必定要有释放的渠道,所以孩子们就会想用各种方法宣泄自己的情绪,有的发泄方式不对必然就违反纪律了。所以,有时候也要考虑学生的心理承受力,多开展一些课外活动,放松他们紧张的神经,或许这是一剂良药。

(三)多一些宽容的微笑

为人之师,应有良好的心境,保持心态的平衡,要尽量避免不良情绪出现在课堂,或出现在学生面前。我们不能让学生的情绪左右自己的情绪,更不能把自己的不愉快带给学生。

前天在班上实在控制不住情绪发火了,因为一个学生捉弄了另一个学生,惹出事端,而且死活不承认错误,这情节就更严重了,我把学生痛批了一节课,最终他虽然认了错,事情也处理妥当了,但脑细胞又"牺牲"了不少。后来想想挺后悔的,如果当时我能心平气和地处理就不至于这么劳心了。这是需要修炼的一项基本功,尤其对于班主任来说,凡事先从微笑开始。

(四)多一些科学的引导

孩子们做这些事情往往是一时冲动,不少只是为了宣泄情绪,都不是品质恶劣的表现。我们要多对他们进行为人处世方面的教育,教给他们一些正确处理人际关系的方法,化解矛盾的策略。我们平时更多的是事后的批评,事前的预防教育做得还是不够,真正深入内心的教育还是少了一点。就拿一点来说,有的学生为什么会犯错,后来经过了解都是因为无法明辨是非而造成的,有的是跟风造成的。上述学生抽烟的事,就属于这一类。

写了这么多,还真说不准何时又会冒出什么事儿来,这就是"准青春期"学生的特点。只能告诫自己,放平心态,从容面对,智慧总能平息一切的,也希望这班小毛孩儿能顺顺利利度过最后这个毕业季。

2014年5月8日

 **主题品悟：青春期**

处于青春期的学生在心理和生理方面正逐渐成熟，有自己的独立见解，表现欲望高，喜欢标新立异，并渴望得到成人的尊重和认可。但又由于自身知识和经验的限制，看待事物往往缺乏足够的认识，在强烈自尊心和周围环境的作用下，会做出异乎寻常的举动，以期引起别人的注意，显示其独立的个性，换言之，就是容易产生逆反心理和行为。

青春期，是孩子的心理躁动期、烦恼期。因而，作为班主任，我们要给青春期的孩子留一片芳草地，应当正确认识这一时期学生的心理特点，谨慎对待学生犯的错误，耐心地采取适当的方式引导好学生，尊重学生，理解学生，尽量以正面疏导为主，让每个学生得以健康成长，这也是班主任的职责所在。

一篇习作,一个心灵

这是今天的一篇考试作文,题目是《我好想……》,是一道半命题作文,要求学生写写自己在日常生活中的奇思妙想或者远大理想,展开想象,表达真情实感。我觉得这一类题目还是比较受学生喜欢的,毕竟开放度很大,可以写的东西很多很多。在平时的习作教学中,我经常鼓励学生写真实的事儿,写小事儿,写能真正打动自己和别人的事儿,这样的作文才是好作文。经过训练,很多孩子在写作当中的确有了很大转变,尤其是在选材方面更加自由、大胆,着眼细微之处,假大空的作文少了很多。

今天考试结束我立刻改卷,从学生的作文题目中就可以看出这个变化,列举几个吧:

《我好想做最好的自己》,这是小汪的作文,讲述自己这些年来的努力与改变,充满责备、懊悔但又写满期待。

《我好想把考试考好》,这是小徐的一篇小文,记得上次我给孩子们赏析了一篇题为"期末复习"的范文,他居然模仿得挺像,用了十几个排比句式讲述自己心里对待这次考试的想法,看来要考一个好成绩压力真的不小啊。

《我好想感谢你》,是小吴的一篇回忆性作文,写了几年前同学对自己的一次帮助,看来印象深刻,开头就直抒胸臆:"回忆起三年前的那件事儿,虽然已经黯淡,但有时还是像影片一般在我的脑海中回放……"

《我好想当歌手》是小褚的作文,平时就喜欢唱歌,原来心中有好大的理想啊。"如果我哪一天成了一名著名的歌手,穿着一件帅气的衬衫,一双名牌皮鞋,还有一头乌黑发亮的发型……一走出门,有一群Fans和记者,还聘请了保镖,去鸟巢开个人演唱会,唱着自己创作的歌曲,像最近名噪一方的'五月天'一样,那该有多好啊!我美滋滋地做着白日梦。"

小诚《我好想让爸爸佩服我》,好特别的题目,当然内容也不错,写出自己小小男子汉的心愿。

《我好想收回那些话》是小露的"忏悔"书,这个平日里脾气暴躁的"女汉子"自然"得罪"了不少同学,惹得大家都敬而远之,不过成绩优秀的她现在也意识到身上的问题,这不,把心中的真实想法表达出来,也算是对同学们的一种歉意吧。我在班上读了她的想法,我想同学们应该也会接受的。

小项这个"贪吃鬼"居然写了《我好想吃汉堡》,不管怎样,理由充分,愿望强烈,我也给了个不错的分数。

小薇同学成绩不太好,作文水平也不高,但她写了一篇《我好想为妈妈做顿饭》倒是让我感动不已,小小孩子懂得感恩与回报,言真意切,也不赖。

《我好想阻止他们》是小智充满正义的控诉,从自己看到的一幅残杀野生动物的插图引发自己的思考,观察之细致,表达之真切,让我佩服。

小圆的《我好想开家宠物店》,写的是她的生活经历,一次在图书馆看了《我和狗狗的十个约定》后,深受感动,才突然有了这个想法,太可爱了。孩子就是这样,想法也许会变,但心中的美好一定永恒。

《我好想环境没有污染》,小方同学看来是受够了今日宁波的雾霾天气了,结合自己渊博的科学知识,分析了雾霾的危害,当然他还结合自己的亲身经历感受到了环境污染的严重性,行文末尾居然还质问政府部门是否应有所作为,厉害!够狠!够正义!

小轩同学的《我好想回到过去……》深情表达了对转学同学的怀念,还有对曾经与同学相处过程中的不当言行表示惭愧与懊悔,当然还有对亲人的思念之情。我给了他满分,这也是少有的构思细密的一篇文章。

还有很多很多,《我好想飞》《我好想当宇航员》《我好想站在聚光灯下》《我好想世界和平》《我好想学会魔法》《我好想有一本万能书》《我好想当发明家》《我好想留住那个身影》等等,太多太多奇妙的想法了,让我也跟随孩子们的思绪飞到他们梦想的那五彩缤纷的心灵世界中去。

当然这里也有一篇特殊的作文。这是小夏同学写的,题目叫

《我好想就这样淡淡地死去》。当看到这个题目的时候,我很难想象这是我心目中一个优秀孩子的心声,真让我替他捏一把汗。作文里有这样的语句:

> 对于我而言,童年很快乐,无忧无虑,什么都不用担心,只有开心。而现在,长大了,渐渐地懂得了"生活"这两个字的含义,就不快乐了。有时候只觉得听天由命好了,有几次我觉得生活挺艰难的,但又觉得咬咬牙吧,挺过去就海阔天空了。我便一次次硬挺过去了。有时觉得渐渐结束是最好的,结束了,我就很快乐了,一身担子也就轻了……
>
> ……总觉得让时间那么过去是应该的,不需要努力,但又觉得不能这样,要努力拼搏才行,不能让它那么逝去,所以,我一直很矛盾,很犹豫。我很想就这样淡淡地死去,与世无争多好啊,何必要奋斗呢?成功固然是好,然而失败呢?那可不是好滋味啊,我打算一直就这么过下去,不要奋斗,不要拼搏。但有一个念头打败了它:生命只有一次,怎能不珍惜。我一直在想,长大了是要拼命闯出一番事业,还是隔离尘世,就这样淡淡地死去呢?我是我的心魔,让我如一只困兽,很迷茫,找不到希望的方向……
>
> 我很想很想淡淡地死去,但生命只有一次,我怎能不在乎……

这些文字谈不上有多精彩,有多华丽,但看得出是一次痛快的倾吐。当我看到这些文字时,就如同一根根针直刺心灵,我在问:是什么让年少的孩子产生如此念头?如果没有今天这次习作,我们如何得知孩子内心纠结的想法会如此沉重?

当天放学后,我立即将小夏请到办公室。他似乎也知道我会这么做,毕竟谈心已成为我和孩子们常做的一件事儿,还因为我在他的试卷上留下一段话。本想第二天再找他的,看来没有什么比这个让人着急的了。

到了办公室,他脸上没有太多表情,有点拘谨,可能他也没想到我会这么重视他的一篇作文吧。他还算是一个比较健谈的孩子,可最近的确有点变化,虽然引起我的注意但没有料到会有如此沉重。

"这是一篇好作文哦!"我还是笑着夸他的坦诚表达。

他也笑了笑。这个学期他的作文水平有了很大提高,在班里我读过他的几篇经典之作,这也让他信心满满。

"你为什么要写这个话题呢?"我继续问道。

"就想说点心里话。"他很直接地回答。

"是不是最近遇到了什么烦心事儿?"

"也不是,就是经常有这样的念头,我自己都不知道为什么。"他有点疑惑。我们也有这样的经历,有时候自己的所为所想连自己也找不到原因,何况孩子。

"可以理解,也许你遇到什么压力了吧?不然怎么会有这样的想法呢?我觉得有点可怕哦。"

"是的,我自己也这么想,但控制不住。"

"嗯,但我想,任何情绪的产生一定会有原因的,你想过吗?"

"我就是莫名其妙这样。"

"在学校里会这样吗?"

"学校里不会这样,可回到家里就时不时会这样。有时候在家里背英语单词,我花了很多时间努力背,但就是背不下来,我很恐惧,很害怕,很多时候都会有这样的情绪。"

"你害怕什么?怕老师会批评你吗?"

"不是。"

"那怕你父母批评你吗?在我眼里你妈妈应该不会这样吧!"

"也不是。我妈妈也不怎么给我压力,但就是很担心。"

"那你是自己给自己加压了,你想想啊,背不出英语单词不是什么大不了的事情,你不必给自己这么大的压力,今天背不下来,那我明天再花点时间,一定能行的,不必这么强求自己呀,这样可能就会比较累了,有时候要多给自己一点时间。"

"也不单单指背单词,很多事情都会这样,只要做不好就会很难受,很害怕。"

"我觉得你是在害怕落后吧?"

"有点儿。"

"告诉你,孩子,我小时候也曾经挺落后的。谁都害怕落后,但我相信自己有能力做好的,现在不也是挺好的吗?你有时候做不好事情,但你要懂得分析原因,懂得暂时放下,如果不是外界给你压力的话,你应该学会调节自己的心情,不必过于焦虑。或许是因为环境的原因,或许是因为当时情绪不好,都会影响你背单词之类的事儿,那这并不等于你不行啊。我们做任何事情不要去跟别人比,跟自己比有进步就好,每天进步一点点也是进步呀!"

"嗯!"

"我发现你对某些事情也挺看得开的呀!比如,去年选班委的事情,我还记得很清楚,你觉得自己不适合做组长,管不好同学,于是就选择退出。当时我们谈过话,我答应你的选择。后来你变得很开心呀!因为你有了更多时间做自己喜欢做的事情,这就很好呀!不必什么都强求自己的。"

"我觉得自己对什么事都在乎,但又不在乎,很矛盾。"

"没关系的,你是一个很出色的孩子,一定要相信自己。留言中我跟你说了,人总要长大,要学会去面对很多事情,包括不好的事情,有时候我们换个角度去想,结果就会好很多。今天我想你把心里的话写出来了,是不是舒服多了。"

他狠狠地点了点头,看来是憋在心里太久了,看得出他心情舒畅多了。

"时间不早了,你们也要吃晚餐了,我们找时间再好好聊聊,好吗?"

看着他离去,今天这件事总算没让它溜走,及时的跟进谈话我认为还是能让他沉重的心情有些许放下,至少晚上能睡一个好觉吧。

细细想来,孩子有这样的想法一定是有原因的。从平日里对小夏的观察来看,他是一个聪明而且做事非常细腻的孩子。我用的是"细腻"这个词语,他做任何事情不允许有任何瑕疵。他的字写得一板一眼,有棱有角,简直是雕刻出来的,也是书法老师眼中的优秀分子,当然速度也是相当慢,这与他做事谨小慎微的习惯有关。当然从这个男孩子的性格当中还是透露出点点柔弱。我从他与同学日常的交往中可以看得出来，他与世无争，但不是高高挂起的那种，对很多事情表现得都很淡定。平时哪怕有同学侵犯到他，他不到万不得已不会轻易还击的。他的妈妈对他的学习生活非常关注，我不能确定孩子心理压力的产生是否与家庭有关，但一定是有关联的，找机会再与他的父母交流交流。

　　从这些分析来看，今天小夏同学在作文中反映的情况是大致能找到缘由的。敏感的性格，谨慎的态度，就像我们所说的完美主义者，想把任何事情都做到极致，但这样的孩子往往就比较容易产生焦虑情绪，而这份焦虑是不会轻易表露出来的，他们承受外界压力的能力相对较弱，更需要得到外界的鼓励从而获取正能量，让他们能长久地保持积极乐观的态度。只要外界有不良的评价，他会觉得自己不行，降低对自己的认可度，于是产生他所说的恐惧心理，既想做好又做不好，纠结其中难以自拔。这孩子的情绪我想应该也是比较长时间的积聚而成的，今天的谈话肯定无法彻底化解他内心的焦虑，从他的作文中或许还可以透视到他深层次的心理状态，但在接下来的时间里所要做的必须对他予以更多的关注，这又是一项长期的工作。

　　今天这作文改的，真有点纠结，但也很庆幸。

2014年6月24日

 **主题品悟：焦虑**

学生在学习的过程中出现学习焦虑是学生普遍存在的一种心理障碍，尤其是班级里的优等生和差生。年级越高越容易引发学习焦虑，我们必须要高度重视这一问题，找出症结，及时予以疏导。

首先过大的外界压力是造成学生学习焦虑的原因之一，这有来自家长、老师、学校，甚至当前社会的压力等等。还有就是来自学生自身的压力。焦虑程度高的学生绝大部分自尊心都很强，要么对自己估计过高，要么对自己信心不足，还有的将现在的学习和自己将来的前途联系起来，往往容易对自己产生不当的自我暗示，担心自己成绩不好会受到家长、同学或老师的歧视，抬不起头来，背负着沉重的心理负担而焦虑重重。

因此，我们必须因时、因地、因情境地对学生进行细致的观察和了解，以此来判断引起学生过度焦虑的原因，并制订相应的对策来帮助学生克服过度焦虑的心理现象，注重学校、家庭、社会三结合的教育，让学生在一个较为宽松、亲切、和谐的环境中健康地成长。

"离开"的背后

今天也像往常一样,在班里当堂面批学生的作业。孩子们拿着作业本,排着队静候我的批阅。每次这样批改作业,学生们总会带有一丝期待,因为每个作业做得好的学生,我会当场为其所在的小组加分(正确率和书写都得"优秀"的会为小组争得1分)。于是,大家都在为自己的小组而努力着。

学生们围着我,瞪大了眼睛看着我的笔头在纸上挥舞。这不,小何因为漏划了一条横线,失去了正确率得"优"的机会,而他的书写总是拿"优秀",看见我为他打的分数,仰天长啸,后悔至极:"哎呀!我真是太惨了,怎么又这么粗心啊……"再看,小张这孩子,站在身边,神情淡定,还督促我批得快一点儿。他目不转睛地盯着作业本,我知道他对自己的作业充满信心。果然又拿了双"优","耶!"他接过作业本,欢快地跑回组内汇报成绩,其余四个成员都为其骄傲。

我继续批改。忽然,有一道题的答案让我颇感意外。题目是这样的:

联系生活实际,理解句子含义,如果遇到下列情况,你会怎么做呢?简要地写一写。"在路上,看到一位老人摔倒,你会扶起老人,还是因怕被诬赖选择悄悄地离开呢?"

只见这个孩子在横线上写了大大的两个字:"离开!"虽然这是一道开放题,没有标准答案,想怎么写就怎么写,只要合理即可。但我还是被震惊了。我犹豫了一下:这样的答案是对还是错呢?我的笔尖停留在这两个字上,一时难以评判。旁边的孩子倒是很坦然:"老师,选择'离开'没错呀,我就是怕被诬赖嘛!昨天的报纸上就说了这个事儿。"看来这是孩子经过认真思考才写下的答案。我明白,他的话就是告诉我,这道题应该给他打钩。作为语文老师,改到这样的题目,出于对学生思想道德教育的考虑,不免会做一下这个孩子的思想工作,最终把答案改过来才罢。这个孩子拿着作业本回到座位上改了起来。

可没想到,过了一会儿,我们班的"百事通"小史也来了,同样是这道题,他也写着大大的两个字:"离开!"

我在想:"现在的孩子怎么会这么想呢?老人摔倒了也不扶,太不应该了,小小年纪怎么能这样啊。"

小史似乎看懂了我的心思,主动开口了:"老师,那我拿下去改过来吧,我不选择离开了!"

他的话就是告诉我，这道题还有商榷的地方，改过来了就可以得分了。

作为班主任的我，现在做的绝不仅仅是判断对错，给个"优秀"这么简单了，我在心里问道："孩子，你为何选择'离开'？"

两个孩子都很真实地反映了他们的思维过程，第一个孩子语气坚定，第二个孩子似乎圆滑了许多，懂得如何赢得更高的分数，还会迎合老师的判断。这样的细节在教育过程中好像不是孤立地存在。虽不具备普遍性，但能反映出：现在孩子也敢于真实地表达自己了。而这份真实，恰恰需要我们去捕捉其深层次的内因：究竟比分数更重要的是什么？究竟是什么让孩子选择"离开"？

由此想到：语文是一门工具性与人文性统一的课程。学生学习语文不仅仅是获得知识与能力，它还蕴含着高尚的人文道德的熏陶与滋养。学生的人格需要成长，学生的道德形成当然不是纯粹的品德教育能够完成的，它受多方面的影响，包括我们的课堂教学，包括我们的思想教育，当然也包括社会的影响。

我发现，这两个孩子平日就喜欢接触大量的社会新闻事件，喜欢看各类图书，他们的知识面是很广的，因而他们对事物的判断就不仅仅取决于老师在校内的传授，还受到了其他多种因素的影响。

苏霍姆林斯基说："学生周围的世界是生动的思想的源泉，取之不竭，用之不尽的宝库。"但我们现今周围的世界已经变得更加复杂、多元了。上述例子也告诉我们，现今社会上的不良因子正渐渐侵袭着孩子们纯真的精神世界。

太多与学校教育不同步的社会风气正在形成、蔓延。从食品质量到交通肇事,从见死不救到学生打架致死,这些让人愤怒、感慨的事件所反映出的问题,让我们担忧成人社会的道德缺失会给我们的孩子带来了怎样深层次的影响。

价值取向模糊是小学生发展的特点。他们之所以选择"离开",或许并不是孩子的主观意愿,但一定是一项关乎道德的抉择。孩子们平日里可以从报纸上、电视上、网络上,甚至家长的谈论中吸收各类价值判断,从而改变自身的价值判断。如果作为教师不去正视和改变这种状况,这对于小学生的健康成长是极其不利的。

学生价值观的教育不容忽视,作为班主任,让我们都积极行动起来,多给学生一些"正能量",让他们从小树立正确、积极的人生观和价值观。

2011年3月16日

 **主题品悟:是非观**

在日常教育工作中,教育者要帮助学生形成正确的是非观。

首先,应坚持正面疏导教育的原则,坚持表扬、鼓励为主,通过摆事实、讲道理,使学生心悦诚服地接受正面教育。

其次,教育者还要严格要求学生,使他们明白什么是正确的、高尚的行为,什么是错误和不道德的行为。引导学生分析正确的价值观、人生观及其形成过程,从而树立自己的是非观。

同时,也可以在生活中培植学生正确的是非观。就像苏霍姆林

辑三　解铃还须系铃人

斯基的孩子们一入学就会被提醒道:"如果你看到树上有枝条被折断了,就要小心地把它包扎起来,如果接得好,而且及时,断枝会很快长好,小树就痊愈了。"教孩子们做这种事的目的是让他们看到树被损害时能心生哀怜,从而产生对小树的同情心。这种润物细无声的环境熏陶作用也不容小觑。

"残缺"的感动

今天有幸在信懋学校听了师父罗校长的一节作文课——《撕纸游戏》。在我看来，这不仅仅是一节情趣作文课，同时也是引导学生树立正确人生观和价值观的教育课。罗老师在课堂上除了训练学生的口头与书面表达能力外，还很巧妙地渗透了"人生""生命""时间""信念"等价值观念，是一节非常生动的生命教育课。

罗老师在课堂上将人的一生以一张白纸的形式呈现：按80岁来计算，将白纸平均分成8个单元格，再把自己曾经度过的十来年时光，从纸面上撕去。从而具象地体现了时间的流逝与无情，引导学生初步感受时间过得很快。继而通过科学的数据，统计出人的一生当中，许多时间是无效、无为的，比如睡觉、吃饭、刷牙、交通堵塞、洗澡等等，却占据了人生当中47年的时间，再从白纸中撕去这些时间。举例子不是主要目的，关键点在于让学生再次感受人生中何为有意义的时间，怎样分配有限的时间。第三个步骤是通过视频浓缩了人的一生(从孩童到老年在脸上所留下的痕迹),更加直观地呈现了人生短暂,岁月无情。学生开始为之动容了,时间的概念已经浸入学生的心灵。老师为了让学生学会在有限的时间内利用好时间,做有意义的事情,呈现出一组让人感动的画面,张海迪、残奥会运动员、无臂钢琴师刘伟等人的感人事迹。特别是伴着刘伟用脚趾弹奏出的美妙钢琴曲,学生完全进入了情境,感动不已,此时的说话训练可谓水到渠成,学生的真情自然流露于笔端,充满温情,让人惊叹。

可惜整堂课无法用实录的方式记录下来。作为听者,一个成人,站在人生的角度审视课堂,的确让人有所思考,不过我相信对于六年级的孩子来说,是该思考也有能力思考这样的问题了。罗老师恰到好处地,层层深入地带领学生引发人生的哲思,没有拔高也没有降低,真正做到"文道结合"。

听完课后,我有很多想法。更多的是觉得这堂课如果我来上,能否也能够带给自己的学生一些思考呢?依自己的习惯,凡听到好课,总想亲自模仿着试试看,也算"自娱自乐",自己给自己磨磨课吧!

下午拷贝了课件,结合班级学生情况稍作了修改,晚上来到阶梯教室,做好了准备。当我让学生从教室"转移"到阶梯教室时,很多孩子都在问:"叶老师,晚上上的是什么课呀?是不是有老师来听课呀?"有个孩子说:"叶老师肯定又要上公开课啦!"我告诉他们今天没有老师来听课,也不是什么公开课,只是想和他们聊聊天,不要有太大的负担。孩子们都释然了,有的还重重喘了口气。看来,平时我们真的给孩子太多的束缚了,晚上或许是一个很好的契机,因为只有在学生放松、没有心理戒备的前提下,教育行为才能产生最大的效能。

自己并未把这节课纯粹地定位为作文课,如果这样的话,可能会失去应有的效果,学生也会"望而生畏"的。我以谈话的方式按照既有的程序推进,结合情境训练学生的感悟能力与表达能力。

课进行得很顺利。一开始我以每个人的年龄为切入点,让学生感受自己走过的岁月。随后,我又让他们在写有"我的一生"的白纸中撕去其中的一小部分,教室里的氛围一下子热闹起来了。学生并未感觉到生命的逝去有多可惜,有的还面带笑容。由此可见,孩子们真的从来没有思考过时间是什么,这对于即将步入中学的孩子们来说,是一件很遗憾的事情。当我让孩子们感受人生当中有很大一部分时间是在无效中度过的,再撕去白纸上的一部分时,有的孩子开始略有所思了。

"怎么有这么多时间是没用的啊?"有的孩子发出了感慨,教室慢慢安静了下来。我让学生谈了自己的想法,多多少少还是比较粗浅,表达得比较简单和概念化。继而我让学生看视频,人的一生是如何走过的,时间在每个人的脸上会留下深深的痕迹,这让学生们震惊了。从他们张大的嘴巴、专注的眼神中,我看出孩子们正在慢慢思考:未来的自己究竟会是什么样的呢?

一个孩子说:"时间过得真快啊,我们以后居然也会变成这个样子,真是不可思议!"光让孩子们懂得时间飞逝并不够,要让他们懂得在有限的生命中如何去实现自我的价值,才是最关键的主旨。

看着张海迪、残奥会运动员和刘伟的照片，听着那曲刘伟用双脚弹奏的钢琴曲时，每一个孩子的脸上写满了沉重，没有像课始那样轻松与兴奋了。而这种沉重正是他们学会了思考人生的意义，稚嫩但不乏深远。

我没有暂停音乐，而是和孩子们一起看着，听着。有的孩子双手托着下巴，眼睛紧紧盯着屏幕上的刘伟，有的孩子眼中闪动着泪花，有的孩子摘下眼镜偷偷抹去即将滑落的泪水。我知道，或许他们为这些生命中的强者而动容，或许为自己的碌碌度日而反悔，有责备，有感动，当然也包含改变。这出乎我的意料，这也正体现了这节课带给学生的生命价值。

我并没有让学生站起来说出心中的那份感动，而是让孩子们在残缺的白纸上写下自己内心的想法。教室里充满了我期望中久违的宁静。很享受这份安宁，我的心和他们一起跳动，我伫立在讲台前，与他们一同沉思。孩子们的笔尖流淌下的不仅仅是语言文字，还有那份对时间的重新认识与感悟，那份对未来的憧憬与希望。汇报交流，验证了我的想法，孩子们的语言的确让我感动。

课即将结束，每个孩子的桌面上摆放着残缺的纸片，没有一个孩子把它扔了。我和罗老师一样，让孩子们将残缺的纸片带回教室重新复原。每个孩子捧着这堆碎纸，回到教室，大家用各种粘贴胶带一片一片小心翼翼地粘着，有的孩子粘完后对我说："老师，这张纸我想自己保存着，留作纪念吧！"我当然同意他们的建议，孩子们都将白纸还原成原来的模样，但唯一不同的是上面多了一份深深的思考的印迹，这份思考或许将影响他们的未来。

这就是今天带给我的那份"残缺"的感动,我们的教育是否应该更多一些这样的感动?

(附部分学生语录)

有时候,时间真的可望不可即啊!它过去了再也无法回来了。即使能回来也只不过是一场不真实的梦而已,让人觉得虚幻。"珍惜时间"好像从很小的时候就说过,但是有多少人去好好珍惜过呢?让我去把握好时间吧,而不是看着它的逝去而默默地流泪……(小徐同学)

时间是自己的,挥霍时间就是浪费生命。面对这些残疾人,我感到很内疚,上这堂课之前,我并没有真正领悟过时间的价值,我要珍惜时间了,这堂课对于我来说很重要,也很感人。(小戚同学)

如果时间是用秒来计算的话,我的时间还剩多少呢?我走过的时间里,有多少是浪费在空虚中的?我还剩多少时间?是否也应该像个临死的老人一样,重新审视自己,和对待生命与死亡的态度。人生如戏,但没有彩排……(小郑同学)

时间过去了很多,自己在这12年来却根本没有做过一些有意义的事情。时间一点一点地逝去,要加油了。真心地问自己,坚持做过一件有意义的事情吗?(小陈同学)

迂回的时间,埋没的生命;过去的日子,剩下的年华……(小鲍同学)

在人的一生中,有多少个十年?减去一些无关的事儿,只

剩下不多的20年。我们是否应该去珍惜？时间老人不会多给你时间，只有自己懂得去珍惜。(小柳同学)

哎，我看见了自己的生命仿佛只有这么一点点的时候，真的很惊讶！看着刘伟哥哥只能用双脚弹奏钢琴，我难过，但更钦佩他坚强的毅力。所以我们要珍惜生命，让生命变得更加光彩……(小钟同学)

珍惜时间吧，比起那些不健全的人，我们都很幸福。我们应该好好利用时间，让时间变得更有意义。时间总是在我们不经意间从我们身边溜走。我们应该利用剩下的时间去完成自己的梦想，为自己的人生画一个圆满的句号。(小韩同学)

人的一生极为短暂，如果不抓紧干事儿，那就会平庸地离开这个世界。虽然我们还小，但我们也会很快老去。小沈阳说过："眼睛一闭一睁，一天过去了；一闭不睁，一辈子就过去了。"我们让时间一年一年地溜走了，我们在它溜走的过程中到底做了些什么？(小杰同学)

2011年5月27日

 **主题品悟：生命教育**

生命教育是一个人最初的，也是最重要的教育。生命教育就是帮助学生认识生命、尊重生命、珍爱生命，促进学生主动、积极、健康地发展生命，提升生命质量，实现生命的意义和价值的教育。而

当今社会,学生对生命的认知几乎空白。因此,"生命教育"对当今的学生而言是一个极有必要探讨的问题。

一位日本教育学家说,我们要培养学生"面对一丛野菊花而怦然心动的情怀",这种情怀就是对生命的尊重和热爱。因此,在教育教学中,可以通过主题活动、课程整合等形式让每一位学生都能强烈感受到生命的意义并努力实现其人生价值。让学生真切地感受到生命存在的不易和可贵性,使学生能真正从心底关爱自己和他人的生命。

让梦想从这里出发

  还记得我曾跟你们说:"每个人从小都要有自己的梦想。"因为有了梦想,我们才不会感到迷惘;因为有梦想,无论遇到多大的困难,无论你们身处何方,都会想办法克服,坚定不移地朝着理想前进;因为有梦想,我们的生活才会充满朝气和希望。

"钢琴王子"的梦
——给小张同学的信

钢琴王子:

你好!

还是比较喜欢这样叫你,因为你就是我心中,甚至是许多同学心中的"钢琴王子",或者你将来真的就成了钢琴王子。

今天虽然很忙,但我还是想给你写一封信。

晚上你爸爸通过QQ给我发了这样的一条信息:

> 我们有个目标,想小学毕业时去考上海音乐学院附中,所以我早早请了音乐学院的老师在授课,这位老师也给我们提出了较高的要求,这给我的压力也很大,所以小张每天也花了较多的时间去练琴,几乎没有多少课余玩的时间了。我们夫妻几乎也没有其他娱乐休闲,每天除了工作就是围着儿子转,最大的心愿就是梦想成真!本想学习弹琴两不误,毕竟

文学修养对弹好琴也是很有帮助的,有一定的文学功底可以拓展演奏者的想象空间,更能丰富其情感世界,所以我们对语文的学习一直都是非常重视。但现在看来全部都做好是不太可能的,要稍微做些取舍,请叶老师理解,和您商量一下,我会督促儿子保质保量完成作业的……

看了这条消息,我心中还是对你爸爸妈妈为你付出的一切感到敬佩,也为你有这样的父母感到骄傲。字字句句都透露出父母对你的款款期待,看得出他们为了你可以舍弃很多东西,我不知道你是否能理解这份良苦用心。

我想了想还是给你爸爸回了一条消息:

我尊重你的想法,你也想得比较远,可以的,只要他能以积极的心态面对学习。我想一个孩子有自己的兴趣并为之努力也是值得高兴的事情,所以,我赞同你的想法,不过在学习态度上还是要多关注他,不要放松。我也会给他一些学习上的要求的。不过这孩子挺累的,要多注意身体。

我知道,对于你来说,学校生活是忙碌而充实的。我想学校里没有哪个孩子有你这么忙碌的了,你能每天坚持长时间练琴,这样的毅力让我佩服。每次听你爸爸说你要参加什么比赛了,是我最高兴的事儿,因为这不仅是你的荣耀,也是我们班级的荣耀。你知道吗?每次学校艺术节的舞台上出现你的身影,每次听到台下的同学、老师,甚至家长对你啧啧称赞,我都会为你感到自豪。

还记得吗?去年你在宁波音乐厅举行钢琴演奏会,看着你在台上那份自信与从容,作为你的班主任,我由衷地高兴,那天我替你拍了一张照片,还存在我的电脑上呢!这些点点滴滴足以证明,你不仅聪明而且也有音乐的天赋,这是多么难能可贵的呀!我也希望你能在这条道路上坚持走下去,无论遇到多大的困难也要坚持下去,我也相信有你父母的陪伴,你会越来越好的。

今天这封信还有另外一个话题,那就是关于你的行为表现方面,我想跟你谈谈。其实,平日里我们没有多少交流,学习上我对你是充满信心的,但你的行为习惯的确让我有些担心。上一周,你妈妈来到我的办公室,说起你的表现,心中充满忧虑和焦急。我知道,你平时在老师面前的确是一个乖孩子,也很有礼貌。可为什么总有那么多同学对你的行为略有微词呢?上课爱讲话、自习课上大声谈笑,喜欢与同学玩闹,尤其是担任组长期间,也有这样的表现,这让很多同学对你产生了意见。你根本就不知道自己这样做会造成什么样的影响,无论是对你自己,还是对班级都没有好处。多次提醒但效果并不理想,所以上一周只好与你父母进行交流了,这一周前几天还保持得不错,可这两天似乎又有一点反弹了。

看来,你的自控能力还没有形成,还需要外界对你施加压力。其实对于聪明的你来说,应该能管理好自己,并能在班级里起模范带头作用,管理好同学。但你始终没有做到,这让我有些失望。因为这不是我心目中那个优秀的钢琴王子哦。

孩子,父母对你的那份希望永远都装在他们心里,装在他们期待的眼神里。从每次与你父母的交谈中我都能够感受到这份期许，我希望你也能感受到。有朝一日，你或许会站在更高更大的舞台上，为更多的人表演，给大家带来快乐。这一定也是你的理想，但在通往理想的道路上除了靠你对音乐的兴趣以外，还需要你有良好的行为规范，良好的自我管理能力，良好的人际交往能力，这样你才会飞得更高，飞得更远。我在心里默默地祝福你！

改变从现在开始，成功一定会属于你的。加油吧！

最后，提醒你注意自己的身体，除了学习、练琴以外，多参加体育锻炼，包括保护好视力，这很重要哦。

祝：天天开心！

为你鼓掌的人：叶老师

2012年12月7日晚

保持微笑的姿态
——给小史同学的信(1)

小史：

你好！

在写这封信的时候，我的心里其实并不好受，因为看完你的来信，我才知道你的内心正经受多大的痛苦和压力。这对于你这个年龄的孩子来说的确挺不容易的，但我愿意在教你的日子里陪伴你一起度过。首先，我很感谢你能给我写这封信，在信中你所吐露的一定是你深藏已久的心里话，你愿意讲给我听，至少说明一点，你信任我，愿意走近我，这一点我已经很满足了。当你把信放在我手心的时候，我想今晚我必须抽出时间给你回信。我知道，并不是每个人都能很轻易地进入你的世界，也难怪你觉得身边的人都无法理解你，听了你的讲述，我理解了你的心情。

你是一个思想要比其他同学成熟的男生，从接触你的那一天开始我就发现你的与众不同和特立独行的性格。或许有的人并不十分了解你，有时候会把你表现出来的一面认为你是在闹情绪，有意而为之，并没有人真正关心你的内心是如何想的，当然也包括以前的我。

记得去年，你在一次英语课上违反了纪律，还和老师顶嘴了，我当时狠狠批评了你，但你似乎并不服气。我对你产生了看法，还和你妈妈交流了你的性格问题。后来在与你接触的时间里，我慢慢了解了你，毕竟任何事情都是有原因的，我想你也一定不是无缘无故发脾气，没有理由与老师闹矛盾吧！也许你当时的心情真的很不好。

到了后来我才听说了你的家庭情况，虽然你很少对我说起过。其实，我也很感谢你妈妈对我的信任，上个月你因为状态不好，晚上失眠，妈妈很为你担心，打电话给我细说了家里的事情。那时我才知道你背后的故事。至此，我就更能理解你在信中的心情了。

那天，在办公室我看到你流下伤心的泪水，这么长时间了，我还是第一次看到你流泪，我想事情就不单单是失眠的问题了，你一定是有太多太多委屈压在心里无处释放才这样的。我认为这不该是你小小年纪所应承受的。但你是一个懂事而坚强的孩子，我也相信，你在慢慢成长，一定能解开心中的心结的。

我也对你说说心里话吧！如果我的话能让你改变想法和心情，那便是我最高兴的事儿。

就像那天我们聊天时我对你说的那样，每个人在生活当中都会遇到不如意的事情，就看你如何去看待这件事。当然，父母的婚姻出现问题，这样的打击是大了点，但你要想，父母之所以这样一定是有不可改变的原因的。我教过很多学生，也遇到过类似的问题，但他们有的就坚持下来了，或许我们现在真的不能，也没有能力去改变父母的现状，我们现在唯一能做的就是健健康康地生活，快快乐乐地学习，或许这样才是对自己父母最大的安慰。他们的内心难道不痛苦吗？他们也一定想从你身上得到些许安慰吧！你应该振作起来，努力朝前走才对。

  看到你这两天的心情好多了，脚步似乎也轻快多了，我很开心，这多好啊！其实，我觉得你真的挺幸福的了。每次我看你的爸爸或妈妈到学校来看你的时候，那场景多让人感动呀！他们内心深处一定都是装着你，爱着你的，无论他们将来如何。有时也许你想得太多，也太远了，我也觉得有些事情随着时间的推移会慢慢改变的，你不用太担心，也不用焦虑。你在信中说的那些未来，其实像你这么优秀的孩子，一定都能实现的，因为你也是一个有梦想的人呀！我对你是充满信心的，你也是同学们心目中的"史博士"啊。

  不要太在意同学或别人的看法，因为我们不是为别人而活的，要做好真正的自己才是最重要的。我真的希望在接下来的日子里，你能调节好情绪，快乐地度过每一天，就像这几日一样，你能做到。不用想太多过去，让喜悦常驻你的心田。

  祝你：每天多笑一笑，晚上能睡好觉。

  记住，需要找我的时候随时都可以。

你的知心朋友：叶老师
2013年5月8日

朝前走,向前看
——给小史同学的信(2)

小史:

你好!

今天手腕的伤好点了吗?如果还疼痛的话一定记得到医务室让校医检查清楚。

今天晚自习又收到你的来信,我原本以为前两次我们的沟通能最大限度地化解你内心的苦恼,但你的信,有点出乎我的意料。这几日,我真的非常忙碌,现在已经晚上十一点多了,翻开包里存放着的你的两封来信,无论如何还是想抽点时间跟你说点什么,或许你此刻也正躺在床上难以入眠吧。但你知道吗?我最喜欢看着你每天微笑的脸庞,用今天刚学的一个词语来形容最为恰当——憨,这是你可爱的一面,我多么希望你每天都能保持这样的姿态。

上次我们沟通了以后,你的心情的确好了许多,这让我感到很欣慰。我们每一个人生活在这个世界上,能找到让自己完全信任的人,是一件很幸福的事情。其实,被信任也是一种幸福,你知道吗?你能完全敞开心扉跟我交流这么多事情,我也很感动,至少信任可以给对方带去温暖。从你的话语中,我也可以看出,你的妈妈也是你值得信任的人,她当然也完全信任你,否则她也不会告诉你太多关于家里的事儿。就从这一点上看,你说这几天与妈妈吵架了,我觉得这是你的不对,也完全没有必要。

当妈妈决定把事情真相告诉你的那一刻起,我想她一定也是思考了很久才这么做的。为什么要告诉你?或许她认为,孩子长大了,应该能承受这样的事实,也同样希望能够得到你的理解,否则她完全可以隐瞒,不需要告诉你。那后果又会怎样呢?或许将来有一天你还是会知道的,但你一定会更加难受。所以,你妈妈的做法是对的。当然,至于他们离婚的原因,我认为有一点你一定得明白,有时候我们看别人做的事情好像是错误的,但一定有不可逆转的原因,难道你的爸爸妈妈会无缘无故就彼此分开吗?这里边有太多让双方都无法接受的东西。这一点,首先你要予以理解,这也是作为儿子应该做的。因为你目前无法改变现状,理解了或许你会轻松一些。

关于妈妈的言语,听你的描述,我也觉得确实有些不妥,我会找时间与她交流的,没有关系,我会尽力帮助你的。但你必须要注意一点,不要像信中说的那样无助,还用了"有点疯狂"之类的字眼,这不是一种健康的心态,你还是班级里的心理疏导员呢!这一点都做不到,那可就不合格了。生活中,一个人无论遇到多大的困难和无法解开的心结,我们只有寻找办法,而不是自我封闭,要学会积极乐观地去面对问题,把问题解决好。难道你就想带着这样的心情投入学习和生活中吗?这显然是不对的,也是你父母不愿意看到的。

幸好你能把心中的苦闷倾诉给我听,至少证明你还是能以开放的心态面对问题的,这也让我放心了许多。将来的道路还有很长,你也不必过早地下结论断定今后自己会怎么样,每个人的生活每天都在变化之中,你的爸爸妈妈也会为了你的健康成长去努力寻找解决问题的方法,我相信他们一定会的。因为在我眼里,他们都是爱你的,就从这一点看,你无需有太多的负面情绪,否则也会给他们带来更大的心理负担的,你觉得呢?

我真的希望你在校园里的每一天,都是一个真实的自己,开心快乐地学习和生活,多憧憬未来,多给自己和爸爸妈妈一些希望,调整好自己的情绪。上次辫子姐姐讲座中的那句话还记得吗?"朝前走,向前看,不知道未来多美好!"当然,未来谁都不可预知,爸爸妈妈今后会怎样,谁都不可预知,但一种积极的生活态度对一个人的成长很重要。

时间不早了,就写到这儿。不要难过,毕竟身边还有你信任的人。

祝:晚上能睡好!

你的知心朋友:叶老师
2013年5月22日

放下包袱,快乐前行
——给小何同学的信

小何:

你好!

今天我在改同学们上周的校园日记,看到你写的两篇文章,我觉得是应该与你好好沟通一下了。说实话,平时每次找你谈心,你总是显得有所顾忌,躲躲闪闪,有时欲言又止,虽然相处时间比较长,但我们之间还是有距离的,我还真不知道你的心里是如何想的,但可以肯定,你是一个思想丰富,有独特个性的女孩。

教了你这么长时间,我也算对你有了一定的了解。你是一个聪慧而富有灵气的孩子,对于知识的渴求是发自内心的需要,所以你能自觉、勤奋地投入到学习当中。你的接受能力和自学能力也很强,不是一般同学能够比拟的。你在同学们的心目中永远是最棒的,许多同学以你为追赶的目标和学习榜样。我为班级有你这样的学生而感到骄傲。

从你的诉说中，还有你姨妈的口中，我知道你的父母非常繁忙，平常无法照顾你，但又给予你很高的期望。因为你的姐姐们都非常优秀，所以他们想让你和姐姐们一样出类拔萃。至今我还没有跟你爸爸妈妈见过面，谈过话，我想你们见面的机会也不多，这不能不说是一个遗憾。我真想了解他们对于你的期望这么高，是否与你心里对自己的期望相一致呢？我发现，你的学习相当一部分是按照你的父母的要求和意愿而学的，小学毕业后要冲刺××中学，将来能考上名牌大学，和姐姐们一样优秀。为了达到这个目标，你已经早有准备了，每个假期里也参加了不少培训来充实自己。这从某种意义上说也是好事。可我发现你的内心深处并不是很乐意按照别人的意愿做事，你的学习生活并不是很开心，似乎心中还隐藏着些许无奈，因为你别无选择。你也说这个目标离你太遥远，好像永远都达不到，可你还是义无反顾地往前冲。有时候我能感觉到你的繁忙，你很累，学得并不轻松。当你看到其他同学能开开心心地无所顾忌地玩耍时，你很想走近，但有时又难以靠近，你不觉得自己失去了原本应该属于快乐童年的某些东西吗？

至今你并不完全明白学习究竟是为了什么。也许考上一所心仪的中学和大学是你学习的目标和动力，你认为这完全对吗？你经常提起这个学校，但这个目标是唯一的吗？你有没有想过，如果考不上××中学是不是就意味自己失败了呢？如果这样的话，岂不有千千万万的失败者了？我们都在长大，应该学会自己去选择，做一个有主见的人。读书、作业、考试只是学习生活中很小的一部分，你可以迅速而自如地完成。在学校的生活应该是丰富多彩的，我们更多的是要通过知识的汲取来提高自身的修养，领悟为人处世的方法，还有在与同学们的相处中培养我们豁达而健康的心境，当然，还不能错过短暂而充满幻想的小学时代。我们除了学习，也应该用自己的眼睛和心灵去发现身边有趣的事情，多参与，多感受，把目光放大、放远一些，学会与更多的同学交流，你一定会发现原来学习的另一面有着不一样的风景和情趣。

  在这里，我只想对你说：心有理想，志存高远，我为你加油；敞开心扉，拥抱快乐，是你应该要学会的新知识。

  关于语文学习，你谈了自己的看法，但有点片面了。大家都知道你每门功课都学得不错，似乎对它们都很感兴趣，但我深知，你并不是很喜欢语文，也很讨厌写作文。这就有矛盾之处，是不是有点"言行不一"呢？既然不喜欢可为什么要学，而且要学得很好，不甘落后呢？也许是心中的压力在作怪吧，你会想：要是我不学，会考得上××中学吗？老师和同学会不会对我有看法？要有前途必须要努力地学……你一定想了很多，俗话说：有压力才会有动力。但是，一旦压力超过了自身所能承受的能力，或者压力给自己带来了不快或痛楚，原本轻松的学习我们却想了很多很多，那我们是不是应该反思一下自己的行为。你可以想想，一个智慧超群的人，除了读书、学习之外并无所长，是一种怎样的情景。孩子，我多么希望你的生活中多一些自然，多一些童趣，不要因大人，或过多的压力而改变了自己的想法。其实你大可不必想得太多，你照样可以学得很棒。你现在已经长大，相信你能明白我说的话。

  你还在日记中提到上语文课时的心情，我还真没想到你现在是在课堂上煎熬呀！这太让我意外了。这对于我来说是值得反思的，或许我讲的内容是你早已学会的，或许我应该选择更好的教学方式，或许老师作为班主任的"喋喋不休"让你觉得不耐烦，这都没关系，我能接受你的建议。可你想过了吗？在一个集体当中，老师要面对的同学有各个层次的，有基础差的，有调皮捣蛋的，有不爱学习的等等，或许这些都与你无关，但老师上课时必须照顾到这些同学，也不能放弃这些同学，再简单的知识，再简单的道理也得告诉他们，让他们也能像你一样出色。有时候我就在想，如果我们班的同学都是你那该多好啊！但这现实吗？希望你能够理解。

今天看了你的日记，我其实是蛮开心的，至少你还是一个能想敢言的同学，提的建议也很中肯。你未来的学习道路还很长，也许还要面对更多的来自各方面的压力，希望你能从容应对。我们在一起的时间是有限的，我们每一个人都应该珍惜这份缘分，让自己走过的每一天都没有遗憾。或许过了不多少年，我们都会渐渐淡忘彼此。在这里，我只能真心希望你能放下心中的包袱，走到同学们中间，走近老师，调整好心态，拥抱属于自己的理想未来⋯⋯

愿：快乐永远与你相伴！

对你充满期待的叶老师
2010年4月28日 午

学会换位思考
——给小甘同学的信

小甘：

  你好！

  今天中午开始你们就要睡午觉了，来到校园里，只觉得比平日更加安静了，坐在电脑前翻看着你的来信，心里还是有很多话想对你说一说。我很感谢你能在信中对我说出心里话，在我看来，这是你对我最大的信任。你也不必担心说出心里话老师会有看法，哪怕是不好的事情老师也不会批评你，人与人之间的确需要学会互相沟通，互相理解，互相帮助，这不，或许我这封信就能给予你一些帮助呢。

  你在信中提及了自己的两个困惑。首先说说第一个问题，关于你那易冲动的脾气。我知道你是一个非常开朗的女孩，有时候看到你疯玩的样子，我就觉得你似乎有点"男子汉"的气势哦，别介意我这么说，绝对没有贬义的意思。这有什么不好呢？其实每个人都有自己的脾气,有自己的性格,不要在乎别人怎么说。只要自己的性格不影响到别人就行。我不是常跟你们说:"无论在什么地方,我们的底线是不要给别人惹麻烦。"这是做人最基本的原则。你在信中说到小天与你的矛盾,这件事情我认为你的本意是好的,但是表现出来的状态却是错误的,毕竟把同学的本子撕了就不对。我想一个人需要学会忍耐的同时,还需要学会正确地处理矛盾,千万不能采取过激的行为,这样不仅影响自己的情绪健康,还影响你在同学当中的威信。如果真的遇到解不开的结,一定要学会求助,求助同学,求助老师,长大以后还可以求助很多人,但要记住:冲动是魔鬼。毕竟后悔就来不及了。还好你也能意识到自己的错误,我也相信你今后一定能处理好类似的事情,慢慢学会长大。

关于友谊,你说了几句话:"我曾经以为友谊就像吃饭一样,是生活中的必需品,可现在我认为友谊就像一只宠物,可有可无。因为我认为友谊是虚伪的,不可能有人真心想和你交朋友,只是为了某种目的才会假惺惺地对你好,等到达成目的后,他就会露出真面目……不过就算是这样,我还是渴望得到一份真正的友谊……"

读着你的这段话,我想你一定是遇到什么不开心的事儿了吧!你有自己的想法,也有自己对事物的看法,说明你已经学会判断,学会思考问题了,这样的品质值得其他同学学习。我很认同你的前一句话,我们每个人都需要友谊,可以想象,一个没有朋友的人生活在这个世界上是多么痛苦呀!你体会过吗?我们都希望自己能有好的人缘,能有许许多多好朋友,这是人生的乐事。因为朋友可以分享我们的快乐,可以分担我们的忧愁,可以成为我学习的榜样。

就像你说的那样,谁不渴望得到一份真正的友谊呢?

可在生活中,总会遇到不如意的事情,或许这些事情就是因为自己的朋友引发的。但你要知道,朋友分为两种:一种就是你所说的,只为利益而与你交往;而另一种却是与你真心相待的。我们不能控制别人的行为,但可以把握自己的命运呀!与什么样的朋友交往是你的权利,但不能因为某一个人,某一件事儿,而错误地认为友谊可有可无,这个想法我认为是错误的。如果你戴着这样的"有色眼镜"去面对身边的同学,内心肯定充满怀疑,认为每个对自己好的人都是心有图谋的,这样你还能正确认识和评价身边的人吗?结果自然是交不到好朋友了。我希望你能改变自己的想法,能更加客观地认识友谊,去追求友谊。

很高兴与你交流这些话题,以后有什么问题还可以写信给我,或直接找我。

这段时间你的进步也很大,特别在对待学业上,虽然还有偷懒的现象,但完成的质量都挺高的,我也希望你能坚持下去,做一个阳光、自信的女孩,保持自己的个性,发扬自身的优点,当然,还要交到更多的知心朋友。对了,我也应该算一个吧!哈哈……

祝你:每天开心,学业进步。

你的朋友:老叶
2013年5月5日晚

做最棒的自己
——给旻晔同学的信

旻晔：

  你好！

  你肯定没想到我会给你写信吧？其实很早我就有这个想法了。昨天在班上你碰到我，说晚上是你的生日，很遗憾没能参加你的生日派对，但我还是衷心地祝你：生日快乐！我可以想象你的心情一定非常快乐，同学们也一定很开心。因为生日从某种意义上说代表了一次成长，你也把这份成长的愉悦带给同学们。让我欣喜的是今天早上一进教室你给我递上了一罐椰奶，没想到你居然还为我留了一份，谢谢你！真是个有心的孩子。不过我可没有准备什么特别的礼物哦，那就把这封信里所说的话当作一份小小的礼物送给你吧！

  开学初见面的那一刻，我突然发现你长大了许多，当然不仅仅是身高长了，我看到更多的是你内心的成熟，那一刻我就在想：今年,你一定会成为我们班最棒的男孩。其实这也是我一直以来对你的期待。

去年刚接手这个班,你给我的第一印象非常好,阳光、自信,时刻充满着活力,善于表达,思维敏捷,这正是我心目中的理想男孩。但在后来的相处中,你的这种良好印象在慢慢褪去,所谓:日久见人心哪!这句话说得似乎有点重了,可这是我当时的想法,因为在你的心中还隐藏着一份让人难以接受的东西。这在后来发生的事情当中得以验证。记得去年四年级,在你身上的确发生了很多事情,我至今还历历在目,相信你也不会忘记吧。

最严重的是那次"回家事件",这里不想细述,可以说是"满城风雨"呀!爸爸妈妈真是拿你一点办法都没有。我是好说歹说才让你想通了。从这次事件中我可以看出你那颗自私、唯我独尊的心,这与我先前对你的印象截然相反。也可以想象得出你在家里过的是什么样的生活,一定是"养尊处优"吧!一切都是你说了算,就连爸爸妈妈也得听从你。你认为只有你自己的决定是正确的,哪怕是错误的决定你也不会更改,听不进任何人的劝告。所以你把这样的习性带到了校园,不顾及同学和老师的感受,肆意发泄自己的情绪,你觉得这样做对吗?如果时光能倒流,你还会那样做吗?我想一定不会的。

作为一个小学生,无论对同学,还是对老师,应该懂得尊重,懂得感恩,做到与人为善。尤其是同学之间,要学会谦让。你是班上个子最高的男生吧,要让别人信服你,不是靠拳脚,而是靠你的学识和智慧。而且你是一个非常聪明的孩子,为何不用自己的努力取得同学们的喜欢呢？

也许这些都已经成为过去了。记得开学第一天我在黑板上写下："良好的开端是成功的一半。"这句话应该也是对你说的。我希望在崭新的一年，你有崭新的姿态，做一个最棒的自己。有信心吗？我期待着……

祝你：生日快乐，学习进步！

对你充满期待的叶老师
2012年9月7日

梦想,需要坚持
——给小天同学的信

小天同学:

你好!

又是一个崭新的日子,新的一周开始了。俗话都说:良好的开端是成功的一半。昨晚又看了你上次写给我的信,越发觉得你是一个重感情、爱班级的孩子。上一周我们在谈理想,你也告诉全班同学自己的理想是当一名出色的足球运动员,多好呀!从你的话里,我读到了你的阳光自信,我也读到了你胸怀梦想的坚定信念。

先说说你的理想吧!说到足球,我也很喜欢。我很高兴同学们能有自己喜欢的一项爱好,不管是体育运动,还是文学艺术,抑或下棋都行。一个人有自己发自内心的爱好,是多么幸福的事情呀!因为我们来到学校,不仅仅是为了学习,还有许许多多是我们都需要学会的。每次看到你在球场上与同学们拼抢的样子,我的眼前仿佛出现多年以后,你在国际赛场上与梅西同台竞技的场景。虽然有点夸张了,但的确是我真实的想法哦。在班上,你最爱看的就是体育类杂志,有时候你看得那么入迷,我都不忍心打搅。还记得有一次,你因为这个影响了学习,被我没收了一本,现在它还"珍藏"在我的抽屉里呢!所谈的这些,都与你的梦想有关,我也衷心祝愿你能通过自己的不懈努力最终实现自己的愿望,我很期待那一天的出现,祝福你!

昨天是返校日,你也知道我要做的一件事情就是了解同学们周末的学习情况,但很不幸,你的作业又没有完成。当我看着你拿着写完一半的作文站在我面前时,我很失望,因为这已经不是第一次了。你解释了很多,其实你不用说我也知道你想说什么,我不太喜欢一个总是为自己找借口的孩子。开学以来,你的周末生活似乎过于放松,尤其是在学习方面对自己的要求越来越低,我能想象你在家里都做了什么。你的父母长期不在身边,他们每次打电话来最担心的也就是这一点,但你恰恰没有做好。如果你的爸爸妈妈知道你是这样学习的,内心会如何想呢?

你是一个聪明的孩子,课堂上你总是能踊跃表达自己的想法,这一次如果不是因为你在综合课上不认真听讲,就已经被评为"优秀小先生"了,真的很替你惋惜。你的每一次表现,让我不得不对你改变看法。这些行为与你的梦想是不是有点矛盾呢?

其实一个人有梦想很容易,关键是看他如何追逐自己的梦想。也许你认为,我只要把球踢好就行,其他的我暂时可以落后。这样的想法是错误的,每一个有远大理想的人,无不是把学习摆在了第一位,因为学习,可以让你变得更加智慧;因为学习,会让你充满力量,而这种力量绝对不是体力上的较量。况且学习对于你来说并不是一件很困难的事情,你完全有能力做得更好。要实现自己的梦想,还要学会坚持,磨炼自己的意志,而学习就是磨炼意志最好的途径。

你上次在写给我的信中也谈到了自己的改变,这很好。我也很高兴能成为你的"同桌",就像你说的,我可能与你坐在一起的次数并不多,但我也希望你也能成为我最棒的同桌,因为你还是一个让我充满期待的孩子。

不要介意过去做了什么,脚踏实地做好眼前的每一件事情。我真心期待你的改变,也在心底里一直默默地支持你逐梦,不要让我失望哦!

最后,祝你:学习踢球两不误。

你的同桌:叶老师

2013年5月5日晚

你是未来小作家
——给依雯同学的信

我们班的未来小作家:

　　你好!

　　你不介意我这么称呼你吧？我想你一定不会介意的,你还叫我"老叶"呢,我觉得特别亲切！再说,你在我们班就是名副其实的小作家嘛！这可是同学们公认的,每次欣赏你的文章,都是那么惬意,能感受到你的作家风采哦。

　　其实很早就读了你的来信,一直抽不出时间来给你写回信,平日里我看你也挺忙的,又是合唱,又是写作文,还要忙作业,有时候想和你好好聊聊的时间都没有,我想还是写信比较好,可以静下心来好好说说自己想说的话。

　　我没有想到自己在你眼中居然这么完美呀！你用"十全十美"这个词语来形容我,让我都有点不好意思了。平时,我是和大家相处得很开心,开展各种活动,想出各种点子和大家分享,教你们变魔术,我也喜欢课堂上让同学们多一些笑声,你们快乐了我自然就开心了。其实每个人都不是完美的,我也不例外,你看,有时候同学们犯了错误,我也会耐不住性子批评他们,事后想想又觉得自己的脾气太不好了,为什么不能再冷静一点呢?当然现在好多了,呵呵……有时候上课也会讲错题目,还是你们给我指出来的,偶尔也会粗心哦,所以每个人都会有缺点的,但是不要紧呀!就像我告诉你们的一样:犯错不可怕,但不要犯相同的错误就好。

那我也说说你吧,你在我心里也是一个十分完美的女生啊!热爱学习、兴趣广泛是你最大的优点,而这种热爱是建立在自主、自觉的基础之上的。你对自己有较高的要求,也是一个有远大梦想的孩子,这是很多同学所不具备的。就拿写日记这件小事儿来说吧,说它是小事儿其实也不小,我为了让同学们养成写日记的习惯,花了不少心思,可就是有部分同学无法做好这件事。你就不同了,能每天坚持,关键是每天都能坚持写好,这就不容易了。俗话说:把一件事做好容易,但要把一件事持续做好就不容易了。但你做到了,这需要毅力,学习本身就是要靠自己的毅力才能学好的。我也相信你一定会继续坚持下去。也正因为你的努力,现在你的写作水平提高得很快,在班里也是数一数二的,去年参加宁波市"阅读与写作明星"评比,你也光荣地被评为"写作明星",我为你感到骄傲。我知道从那以后你爱上了写作,还说自己长大后的梦想就是当一个作家,当我听到你说这句话的时候,我的眼前仿佛就出现了多年以后你如愿以偿的场景。到时候可别忘记给我签名哦。

一个人的成长和进步,除了老师的帮助外,我觉得更重要的是要感谢你自己。每个人的成功,绝对不是靠外人施加压力才成功的,而是发自内心的热爱,是持久的热爱,这在学习上是非常重要的。所以,我觉得这也是你今后努力的方向。随着年龄的增长,影响你学习的因素就越来越多了,比如身边也有不爱学习的同学怎么办,自己有时候也会偷懒怎么办,周末回家作业也会放松怎么办,这些问题就在考验着你,也在检验着你的毅力。

谈谈偏科问题。数学一直以来是你的弱项,你爸爸妈妈很着急,我想你也一定很着急的。怎么办呢?我想问你一下,你有没有想过究竟是什么原因造成自己的偏科现象呢?如果没有认真思考过这个问题,那你的数学成绩肯定提高不了的。是因为自己的兴趣爱好吗?是因为自己对老师上课的方式接受不了吗?是自己的数学思维欠缺吗?还是有其他什么原因?有没有想过自己平日里是如何学习这门功课的,花了多少时间,有没有像学习语文那样投入呢?我们不光是要想外界的因素,不能把学不好数学的原因归结到别的方面,其实更主要是要想想自身的原因。比如,当自己面对不懂的题目,有没有及时向老师请教?每天有没有把当天的学习任务保质保量完成好?就像写日记一样,做到过关呢?如果没有,日积月累,你就会越来越吃力了,最终要想弥补就很困难了。我也请你花点时间认真思考这些问题,我想一定会有所改善的。

最后,我希望你能在现有的基础上,多阅读,多读一些经典作品,读整本的书,平时除了翻看报纸杂志以外,应该花更多的时间充实自己的阅读,尤其是周末有大块完整时间的时候,尽量少玩电脑,当然能用电脑写作我也不反对。

今天就写到这里吧,在学习或生活上有问题可以来信,也可以直接来找我哦。

祝你:

天天开心,学习进步!

将来要找你签名的Fans:老叶

2013年5月14日

让我给你力量
——给小黄同学的信

小黄：

你好！今天无论如何也得抽时间给你写回信了，昨天你还来办公室问我这件事情呢！其实你放心，我可不会忘记哦。这段时间确实很忙，但你的来信我一直惦记着什么时候给你回呢！迟了点，还请你见谅。

很高兴你能在信中向我吐露心声，就像你说的，你是一个无话不说的女孩儿，有什么事情一定得说出来，我很欣赏你的这种性格，看得出你是一个心灵阳光、自信快乐的女生。教了你们一年多了，的确我们在一起的日子很开心，我为班级做的所有事情并没有什么，谁让我是你们的班主任呢！你说我是你的偶像，哈哈……太好了！我也有粉丝了，我也要说，哪一天如果我也能成为你的粉丝那就好了，那是将来的事儿，但我还是有所期待，因为我相信你一定是一个有梦想的女孩儿，那就从现在起努力朝前走吧！

有故事的班主任更幸福

    在这一年多的时间里,我最感谢的同学之一就是你了,因为你是我的得力助手,作为班长,也为这个班级付出了许多。记得四年级刚教你的时候,我对你也不是太了解,只觉得你怎么是一个大大咧咧的女生呢,怎么一点女孩儿的样子都没有呢?有时候还与同学大闹一顿。后来我慢慢走近你才知道,这是你独有的特性。但也正因为这一点,让许多同学对你有了想法,因为话多必然会"惹祸"的,当时每次投票你的票数还不是非常高。随着慢慢长大,每次与你交流,你都能及时注意自己的行为和说话方式,以及作为班长所应有的胸怀,学会如何处理同学之间的矛盾,如何为班级为同学服务。

    一年多来,你很努力,虽然有时候还会遇到不开心或难解的问题,但你也能及时找我谈心。记得那一次在我办公室里你还掉眼泪,说不想当班长了。其实在人生的道路上会遇到各种各样的事儿,会遇到各种各样的人,有时候会让你难受,让你为难。这是对你考验。很高兴的是,我看到你的努力和坚持。你也发现,现在班级里再也没有同学在背后议论你了,大家对你都非常认可,包括许多老师也是这么认为的。这是你不断努力的结果。至于下次的竞选,我相信你能以更加自信的心态去面对,做一个名副其实的好班长,祝你成功。

    至于你的徒弟小徐同学,你的确也付出了很多精力去帮助他。对于一个暂时落后的同学,你作为班长向他伸出援助之手也是理所当然,更何况"赠人玫瑰,手有余香"呢!当时我让班级的同学师徒结对的时候就是这么想的。一个班级里如果成绩好的同学只管自己，不顾别人，那这个班级永远不会是最棒的。让我们班成为一个温暖的大家庭，就是靠像你一样出色的同学，发挥出榜样的作用，用自己的行为去影响他人，让他们也能从你身上汲取力量，感受同学之间的温情。

当然要让一个落后的同学进步是一件很困难的事情。为了小徐同学的进步，你想了很多办法，那一次你还给他的妈妈写了一封信，告诉她在家里应该怎样辅导小徐，你是多么热心呀！可有时候作为被帮助的人并不一定能感受到，他还对你有意见，你心里就有想法了。这很正常，至于要不要继续帮他，我的答案是肯定的。或许是自己的方法和态度出了点问题，比如，是不是自己太严格了，有时候也管得太死了，让他有点受不了了呢？或者还有其他什么原因。现在他暂时在第六组，其实他也想学好，他也想像你们一样得到老师和家长的表扬。我还是希望你能继续坚持，即使他不坐在你的组里，如果你还能及时关心关心他，哪怕是偶尔，相信某一天他一定会明白你的良苦用心的，试试看吧！

在学习上，我对你很放心，因为你是一个很自觉的孩子，我只希望你在当好班长的同时，注意几点：多阅读，这样会让你更加智慧；多写作，记录成长的故事，它是一笔财富；多锻炼，身体健康问题不容小视。记住班训：身体健康，心灵阳光，学习自主！

最后，希望你天天开心，遇到困难及时找我哦！

永远在背后支持你的叶老师
2012年5月8日

胜不骄,败不馁
——给小诚同学的信

小诚:

  你好!

  一周即将过去了,虽然这周已经找你谈过两次话了,我想还是要给你写一封信,不是我对你不放心,只是想对你再说一些心里话。

  其实,当你打开这封信的时候,你一定会猜到我想对你说什么。这段时间我也一直在关注着你的变化,你的确变了很多,就像今天一样,当我看到你安安静静地坐在位置上写作业时,说实话,我很感动,很久没看到你这样子了,所以在课堂上我特意表扬了你,发自内心地表扬你。要是换成过去,你不会有这样安静的举动的,不是吵就是闹,至少我真的很少看到如此安静的你。

  或许这次的"全港杯"数学竞赛落选,对于你来说的确有点遗憾。就像你在日记中写的那样:"这是我小学阶段以来发生的最严重的一次失误。"我看得出你对这次比赛的重视和付出。每天中午看着你和参加赛前辅导的同学们来去匆匆的身影，我真的很佩服你。你在我心目中，不，应该是在所有老师心目中是一个非常优秀的同学，对于这次比赛，大家都一致看好你。即使在平时的课堂里，你认真对待老师的每一个提问，脑子转得比谁都快，你热爱学习，很有热情，在学习上没有什么能够阻挡你。但是很可惜你让我们失望了，当然也让你的父母包括你自己失望了。今天在这里我不想说太多的大道理，因为该讲的我已经都跟你讲过了，从你这段时间的表现来看，这次事件对你的影响深远，我也从你的眼神中看得出你的悔意。我想你一定在心里想过：绝对不会让这样的事情重复发生！如果你真的有这样的想法，我可就放心了。

　　再过两个多月，你就要小学毕业了，想起和同学们朝夕相处的三年，真的感慨很多。特别是你，从教你的第一天起，你就给我留下特别深刻而美好的印象，你身上的优点太多了，我不可能把你忘记。在这些年里，也发生了很多愉快或不愉快的事儿。比如你竞选班长的事儿，真可谓一波三折，起起伏伏，这段期间你的父母也随着你的表现心绪不定。因为你的自控能力实在不敢恭维，这也是让我感到最头疼的地方，我是多么想让你成为我的左膀右臂，成为我的得力助手，能为我减轻一些负担呀！但这只是我的一个一时无法实现的愿望而已，好几次当你当上班长不久，就有许多同学对你不满，因为你既管不好自己，更管不了同学，还给大家带来不良的影响，现在我只愿你在毕业前当好这个小组的组长。

　　过去发生的这些，并不是因为你能力不行，而是因为你对自己的要求有点放松了，我没说错的话，你真的有点自大了，包括在学习上。你很聪颖，但一个人的进步光靠聪明的脑袋是远远不够的，它需要耐心、安心、静心地付出，一旦有骄傲情绪，你的聪明维持不了多久的。从古到今，骄兵必败的例子还少吗？有时候真的是"一失足成千古恨"哪！你这次比赛失利最大的问题就出在这里，连汤老师都不敢相信这个结果。回头想想是不是这个理？

　　你的父母给予你很高的期望，但他们也给了你宽松、自由的学习生活环境，班上其他同学的父母有几个能做到呢？你爸爸真的是一个很称职、懂你心的爸爸，每次当你取得成绩的时候，他为你鼓掌，每次当你表现不佳的时候，他会悉心为你开导。每个周末他都尽量陪着你，散心、聊天，到了假期还替你安排好休闲的计划，全身心为了你的健康成长，我不知道你是否能感觉到这份父亲的爱。如果你感受到了，你就不会放松自己，会更加严格地要求自己，做一个更加优秀的孩子。这里老师并不是给你施加压力，但我觉得在你的身上有很多同学所不具备的优势条件，你完全可以发挥出来，轻松应对学习，而且可以学得更好，这难道不好吗？我心里有预感，你将来一定会有大作为的，但你需要改变自己对待学习、对待自己的态度才行，做一个谦虚、慎行、细心的孩子。

　　最后，我也希望你在毕业复习迎考阶段，保持一颗快乐、向上的心，度过美好的小学生活，给自己的小学生活画上一个漂亮的句号。

　　加油，小伙子！

对你充满期待的叶老师
2014年4月12日

世界因宽容而美丽
——给驰峰同学的信

驰峰：

回到家里还是满脑子浮现出今天你在班级里发生的事情，一直放心不下。今天是我比较忙的一天，本想下午再找你好好谈谈，可惜等我开完会后你已经不在班级了，而且晚自习也不是我的课，我想还是给你写点什么吧，也总能让我的心稍许安歇。

回想今天上午我还在全班同学面前表扬你是全班背书最积极的孩子，的确是呀！当你捧着语文书来到办公室找我的时候，我还是被你的行为感动了，你的变化着实让我非常欣慰。在我的眼里，没有哪位同学是无法改变的，你也一样，自觉学习的习惯也逐渐向你靠拢。这么长时间来，你虽然跟我之间的话语不算太多，因为你的身上还是多了一些腼腆和羞涩，不管怎样，但这丝毫不会改变你在我心里的良好印象。

你的父母和我最担心的不是你的学习问题，而是你的性格，还有个人的生活自理问题。当然,后者你已经改了许多,自理能力已经没有太大的问题了。这么长时间你都能很好地克制自己的情绪,我也记不清与你谈过这个话题多少次了,你的妈妈也专程为此事到过学校。每次打电话给我,她总忘不了问一句:"孩子的脾气好点了没?"而今天在教室里,我又再次"领略"了你的歇斯底里,这让我感到意外和吃惊。你为什么控制不了自己的暴躁情绪呢?你就那么无视同学们对你的看法吗?你难道不知道在公共场合我们应该遵守的道德准则吗?你到现在还不懂与同学如何相处吗?"宽容"二字我们该如何理解呢?

我想此时不是质问你的时候。今天的事情也许是对方也有过错,可是,作为一个五年级的孩子,应该懂得一些为人处世的基本原则,那就是互相尊重与宽容。同学之间并没有不可解决的问题与矛盾。我很高兴能遇见你这么聪慧的孩子,各个学科的老师都夸奖你的聪明和智慧。每当看到你上课专注的眼神,还有听你那洪亮而充满激情的朗读时,我从心底里喜欢你。而你今日却因为一点小事在班上大闹了一场。也许你没有注意到当时你周围的同学是用一种怎样的眼光注视着你,你更没有注意到从窗外路过的别班同学的眼光。你的"狮吼"彻底打破了原本安静有序的学习氛围,同时也让我的心碎了。更让我吃惊的是你居然无视老师的存在,依然我行我素。当我想与你谈话时,你的态度再次让我感到失望。紧绷的脸庞,满脸的泪水,咬紧的牙关,紧握的拳头,这说明什么?你的这种态度让我们如何走近你?

同学们上科学课去了,我们的交流还是让你的心稍稍平静了下来。因为我要开会,你说要在教室里把余下的作业补完。第八节课看到你放在我的办公桌上的作业本,我知道,你接受了我的意见,这让我安心了许多。

孩子,在我们的成长道路上,在我们的身边,生活着许多人。有父母,有师长,有同学,有好友,还有许许多多的陌生人等等。也许你现在的脾性是小时候养成的,也许是父母的娇宠而形成的,也有可能是大家的纵容而造就的。我不想知道过去的你是如何的,但我只希望未来的你是一个充满朝气、活泼上进的男生,长大后是一个心胸豁达、顶天立地的男子汉。在校园里,老师、同学成了我们最亲近的人,也是每天带给我们快乐的人,我们理应用满心的诚意去感谢,去感恩才对。谁的生活会一帆风顺呢?谁的生活没有一点矛盾与摩擦呢?正是因为同学之间产生了这样那样的矛盾,才让我们学会懂得去处理同学之间的问题,磨炼我们心智,改善我们的关系,去珍惜我们之间多年的友情。

这个世界也不是为你一个人而创造的,你身边的人也不全是为了你而活着的。我们都是平等的,谁也不欠谁什么。况且我们每一个人活在这个世界上,都要让别人感受到自己存在的意义。记得开学初我对给全体同学说过的话:"让别人因为你的存在而感到幸福。"你理解我的用意吗?你知道这句话是对哪些同学说的吗?还有一句话:"退一步海阔天空,忍一时风平浪静。"相信你也熟知它的含义。但在与同学的相处过程中你还是控制不了自己的情绪,这也成为你与同学交往的一个最大的障碍。要知道,现在你的情绪只会遭到同学的责怪与疏远,但将来走进社会后你还是如此行事,你一定会有更大的损失，也许那时丢掉的就不只是同学情谊了。因此，经历了今天的事情，我希望你能好好反思自己的行为，先不要找对方的原因，先从自身找原因，好吗？要有一个新的姿态认识自己的过失。

  最后，我还是教你一些小方法吧！当你情绪波动时，请你暂时避开这件事，好吗？想想开心的事情，然后做一个深呼吸，实在不行你就来找我，可以吧？我宁可希望你到我这里来发脾气，也不希望你在全班同学面前献丑哦！至少，我会认真听你把事情说完。

  相信自己，一切都会变得美好起来的。

  希望你每天都能露出笑脸，同学们看着你，我也时刻看着你哦！

爱你的人：叶老师
2009年11月10日晚

我为你骄傲
——给小赵同学的信

小赵:

虽然时间不早了,突然想起给你写点东西。这几天,你似乎显得有点安静,与往常不一样的安静,没有了突变的情绪,自然也没有了发泄时的叫嚣。你每天还是照常上课,上课时也偶尔走神。有时我在讲课,你也偶尔翻看报纸和课外书,低头忙于自己的事情,但我知道,你不是故意的,你还是有一半的精力在听课,我也不忍心去"打扰"你了,因为我知道你是一个聪明的孩子,或许我讲的内容你真的懂了。不要太在意这些行为,我说过,复习阶段有时候的确很紧张,也挺单调的,有的同学做点小动作也是可以理解的,但不要妨碍别人就可以,所以你做得不错。

我知道过两天你就要离开学校到西班牙上学了,西班牙是一个很遥远的地方,不知道何时才能再见面,这件事,让我倍感失落和不舍,甚至有些难过。也许你也知道自己要转学了,这几天的情绪似乎真的很不一样。是留恋？是难过？还是……只有你自己知道吧！说实话，我，还有几位老师，包括谢老师，听说你要转学的消息，都感到很意外。毕竟我们相处了这么长的时间。

晚上，打开你的博客，看着你的照片，手中攥着的还是那本卷起的书，还是那头披肩的长发，充满艺术气质的长发。几次我让你去理短一些，但你执拗的性格让我始终没能如愿，呵呵……这就是你的个性。相信以后我是没机会让你去理发了。不要紧，保持自己的风格有时并没有错。

孩子，这两年来，我看着你一步步走向成熟和稳重，从一个脾气暴躁的小姑娘逐渐懂得了如何为人处世，我为你感到骄傲。每次听到你课堂上响亮而极富感情的朗读，还有那独到的见解，大家都为你喝彩；每次看到你能在各项比赛中获得佳绩，还有贴在墙上的美术作品，大家都为你自豪；每次看到你能为班级贡献自己的微薄之力，让流动书架成了你小小的舞台，孩子，我为你骄傲。

当然，这两年来发生了许多故事。同学之间，老师之间，高兴的，烦恼的，甚至令你愤怒的，你还记得在我面前发过几次火，闹过几次脾气吗？不要介意，每个人都有表达自己内心情感的方式，作为老师，我能理解你。你在作文中也多次透露出你的心声，我也理解你。但愿这些过往终将成为历史的记忆，我相信你的成熟也来自于吸取这些点点滴滴的教训，唯有反思自己的言行才能走得更远，走得更好……

对了，谢谢你上次从西班牙给我带的一个小足球挂饰，很精致，我会一直保存着。我没什么可以送给你的，最后，还是送你几句

话作为礼物吧,希望能对你有所帮助:

1. 我们要用真心去赢得身边的人——同学,同事、爸爸、妈妈、妹妹,哪怕他们真的有让你感到不顺心的地方,多站在对方的立场上思考问题,你就会变得心平气和,大可不必心浮气躁。

2. 特立独行本身并没有错,但过于特立独行,就变成一意孤行了,那你自身一定有错。

3. 美术是你发自内心的爱好,不要轻易放弃,也许今后在前行的路上会遇到困难,不要紧,遇到困难要想到爱你的朋友和老师,对了,别忘记了谢光领老师哦!

4. 抬起头走路,两眼看着前方,最好身边能有几位知心的朋友相伴搭肩而行,你会觉得自己并不孤独,这样的生活是不是更有一份乐趣呢?

5. 对妹妹好一点,她现在还小,不要让她觉得姐姐对她不好,即使她有错误,也毕竟是你的亲人。等你长大以后会发现,有一个妹妹、弟弟或哥哥是多么幸福的事情呀!

6. 多和爸爸妈妈聊聊这些年国内的事情,与他们好好相处,孝敬父母是理所当然的。

好了,最后,真心祝你幸福快乐,永远!我会记着你的。

永远爱你的叶老师

2010年6月28日夜

写给"论语"男孩儿
——给小王同学的信

小王：

  你好！最近还在努力抄写《论语》吗？学习还跟得上吧？我今天给你写这封信的心情很不错哦，知道为什么吗？一是因为中午暂时可以休息一下了，还有一个重要原因就是，能给一个我心目中优秀的孩子，特别是各方面进步又很大的学生写信，心情自然就好了。

  从你的信中，我看得出来，你现在对学习越来越感兴趣了，而且学习的劲头也很足，在学校的日子也挺开心的，真为你感到高兴。要知道，本来学习就是一件让人开心的事儿，因为我们每天都在汲取知识，让自己变得更加聪慧，即使付出一些辛劳也是理所应当的，我想你一定能体会到这其中的道理。

  还记得四年级刚教你的时候吗？回想起那时候的你，我觉得还是幼稚了一点，好像总是长不大的样子，学习也没现在这么自觉。有时候你妈妈来学校就交代我对你要严格要求，提了挺多看法的。

那时的你似乎也很贪玩,特别喜欢跟在别人后边瞎玩,自己也没个主见,有时候犯错了也不知道,人称"跟屁虫"。当时,你还有一个最大的问题就是做事儿马虎,就拿写作业来说,字也写得老大老大的,结构都散架了,一边写作业一边说空话的现象也有,上课偶尔也做做小动作。总之,那时候的你和现在比起来,真是天差地别。

现在每次你妈妈和我谈起你的时候,脸上都会多一分放心,更添一分骄傲,因为这些都是你带给妈妈的。我也为你感到自豪呀!看到你的进步,也看到你的将来一定很美好。

说起你的一大特色,那就是喜欢国学了,每天看你抄《论语》,背《论语》,忙得不亦乐乎,我都挺羡慕你的,因为我肯定比不上你的,还得向你学习啊。有时候看你写的文章,有时候听你说出来的话,都带有《论语》的味道,真牛!我想学校里再也找不出第二位像你这么有才的同学了。所以我觉得,你一定要坚持下去,不管今后到哪里学习,不管遇到多忙的事儿,还是要保持自己的兴趣的。况且你妈妈在这方面为你也付出了不少精力哦,连假期你们都能坚持,不容易。

其实,除了你学习上的表现让我满意之余,我认为你最大的优点就是有责任心。你慢慢懂得了学习的重要性,也懂得了如何孝敬父母,而且你的心里还装着大家,装着集体。这次班委竞选演讲,你知道自己得了几票吗?25票呀,全班最高票数,这让我感到意外。吃惊之余,我想更多的是同学们对你的认可,你在演讲中说自己要竞选当班级的劳动委员,这一职位在很多同学看来是一个不起眼的职位,你也说会经常被人歧视。的确,在生活中,我们往往会用异样的眼光去看待一些事情，但自己又从来不努力去做好这些事情。你却不一样，我从你的演讲中听出你对班级一些现象的焦虑，听出你想为班级作贡献的决心，我想每一个同学都感受得到一个真正热爱班集体的同学的心声。不管最终结果会如何，我觉得你做得是对的。我们学校的墙壁上不是有一句话吗？"从我做起，从现在做起，从小事做起。"何为小事？你说的就是小事，可又有多少人能从小事做起呢？一个能做好小事的人，一定能成就一番大事。我相信你一定能行的，加油！

关于如何处理同学之间关系的问题，我只想告诉你，凡事只要自己做对了，就不用担心别人会怎么说。记住了，走自己的路，让别人说去吧！有时候我们会遇到各种各样的同学，就像你说的，有同学要你帮他做这做那，对于你来说，你要有自己的主见和原则，该做的一定帮忙，不该做的，拒绝就应当理直气壮，这也是一个男子汉的"气魄"呀！做到不卑不亢，然后再寻求老师的帮助，不能理屈了，知道吗？

最后希望你在学校的每一天都能开心度过，让自己忙碌一点，快乐一定也比别人多一点。加油哦！

你的朋友：叶老师
2013年5月15日

孩子的未来需要你
——给小周同学家长的信

小周妈妈：

你好！再过几天，小家伙就要小学毕业了，不知不觉六年的时间就这样悄然流逝，他也逐渐长成了一个大男孩儿了，让我们都一起为他感到骄傲吧！

教小周的三年时间一晃而过，有时觉得一切就在昨天。看着他一天天成长，一天天变化着，心中还是充满喜悦。毕业在即，按照自己往年的习惯，总想对部分家长说点什么，你也很忙，我们见面的机会并不多，还是写信让孩子带给你吧！

小周是一个很聪明而且个性十足的男孩子，这一点从我教他的第一天起就能感觉到。虽然身上有不少缺点，但我认为，只要给他足够的时间，通过我们的教育，他还是会有所改变的。因此这么多年，他也成了班上我最关注的学生之一。几年来的教育过程，发生了很多事情，我们也一起为了他的问题，包括吃饭、作业、打架、玩电脑等等伤神。这的确很令人头疼,但一路走来,我们发现这些问题是他人生道路上的一道道沟坎,只要跨过去了他也就慢慢成长了。

孩子身上有问题,一定与他的成长环境有关,尤其是家庭环境的影响,这也是很多家长没有意识到的。对于小周而言,今后的学习生活道路还很漫长,我也想在此与你交流几点:

第一,教育好孩子,作为家长要有足够的耐心和自信。在他身上存在的种种问题,我们要多找原因,采取相应的对策,不放弃,相信自己的孩子总会变好的。在我的教育过程中,我始终认为,作为老师,教育好一个优秀的孩子并不难,最难的是转化一个大家都认为很难教育的孩子,甚至无药可救的孩子。这需要我们做好充分的心理准备,有足够的耐心和坚持。作为家长,我想是不是也应该这样想呢?

刚接班的时候,的确有许多同学,包括其他学科老师也告诉我,小周很调皮,是一块难啃的"骨头",会给班级给老师惹很多事的。我知道教育这样的孩子会耗费自己大量的精力,要么放弃,要么就坚持下去。我自然选择了坚持。三年还是走过来了,我记录下了教育他的全过程,以及在他身上发生的点点滴滴,也为自己如何转化他做好了足够的思想准备。现在,我看到他脸上的笑容多了,紧握的拳头松了,路上遇见老师懂得问候了,课堂上也能积极举手发言了,回家的作业质量也明显提高了,这些变化让我更加相信,任何孩子只要倾注了你的关爱,讲究方法与策略,始终如一地善待他,他一定会有所改变的。

第二，进入中学后，他的思想也会慢慢成熟，甚至会有点叛逆心理，不要紧，这是每一个孩子成长的必经之路，并不是缺点。只要家长了解孩子内心的需要，并及时与他沟通，平等地商量，任何事情都会得到解决的。他现在虽然是六年级，但还是显得稚嫩了一些，很多想法都不够成熟。但到了青春期的时候，他的内心世界会慢慢丰富起来，许多想法大人并不一定了解。所以，作为家长，在这个阶段应该多走近孩子，忙于工作的同时，尽可能多地利用时间陪伴孩子，特别是周末，除了问问他的学习，也能关心他的生活和思想变化，帮助解决他的需求和问题，让孩子感觉到父母对他的关注与肯定。

第三，在教育过程中多赏识孩子。这一点是我教育他的一个重要方法和理念。在刚教小周的时候，我发现他是一个很少被人肯定和表扬的孩子，是一个不受同学欢迎的人。长此以往，在他的内心世界里就会萌生一个念头："我反正是没人喜欢的，也是最差的，没有希望的。"他有了过低的自我评价之后，在处理各种问题上就会"破罐子破摔"，情绪波动特别大，对外界就会产生绝对抵触心理，所以，有时候就会显得无所顾忌，随意爆发。他原先爱打架，爱发脾气，处理不好同学之间的关系，对学好学坏无所谓等等，跟这个有着很大的关系，它严重影响了他的心理。同时，这也是一种非常消极的人生态度，不及时扭转，势必会影响他正确积极的人生观的形成。关于赏识，我建议你有时间看看一个伟大的父亲周弘的资料，他花了将近20年的时间把自己双耳全聋的女儿周婷婷培养成留美博士，这个故事很让人感动，老师也好，家长也好，一定能从中得到些许启示。

  第四，关于他的身体和吃饭问题。孩子的饮食、喜好，我们不能随意迁就，必须有科学的养育观。当然我们的生活老师也做了长期的努力，改变他挑食的毛病，现在好一些了，希望家长也能做好这一方面的教育工作。

  就此搁笔，最后希望小周在新的起点上能重新开始崭新的学习生活，也希望不久的将来能听到关于他的好消息。

  祝：工作顺利，合家幸福！

班主任：叶老师

2011年6月29日清晨

可怜天下父母心
——给小戚同学家长的信

小戚妈妈:

你好!昨天因为小戚生病了,你来到学校,来到班级。当时我正在上课,也没与你多交流。今天在办公室,打开邮箱看到你的邮件,看后真觉得:真是"可怜天下父母心"哪!昨天看到你在班级里对孩子的那份真挚的关爱,让我很感动。俗话说:天底下最伟大的爱就是母爱了。你就是最好的母亲了。没有任何夸大之意,事实就是如此。在现代快节奏的社会中,物欲横流,亲子关系日益疏远。在我的教师生涯和班主任工作中,我不能说父母不爱自己的孩子,但事实上还真有父母不怎么关心自己的孩子或不懂如何爱孩子。

你是一位负责任的妈妈,因为你的责任与爱的付出才让小戚也如此爱你。每当提及母亲这个话题,她自然喜形于色,这是一种自然的流露,发自内心的幸福。

其实父母对于孩子的爱,无外乎两个方面,物质和精神方面,

有故事的班主任更幸福

重视孩子的身体健康,关心孩子的学习生活,两者平分秋色,不分轻重,两个方面都要重视。可说来容易,做起来何其难!有一次我打电话给一位学生的爸爸,问孩子的生日,那位父亲居然说不知道,让我打电话问孩子的妈妈,真让人大跌眼镜。可见在教育的问题上,不同的家庭,还是有相当大的差距的。我们的孩子就像一块未被雕刻的玉石,如果遇到好的雕刻家,自然能出精品,反之,结果就不一样了。面对此情此景作为老师又能如何呢?所以,作为班主任,能遇上你这样的家长也是一种幸福,因此,我们也要感谢你。

没经过你的同意,我今天晚自习时把你写的这篇文章以及和同学们的对话读给孩子们听了,希望你不会介意。我认为快乐应该大家一起分享,更何况是一份来自家长的特殊的礼物。当我读完后,与你谈话的几位学生不知有多兴奋,因为她们没想到自己居然能被一位同学的家长所认可,而且对于507班来说,也需要来自各方面的鼓励,这会给班集体注入新的活力与动力。你的文字也让全班孩子备受鼓舞,他们也都非常羡慕小戚有这样一位妈妈。

最近实在比较忙,再加上班级的学生比较多,要做的工作也多了起来,与家长的联系有所减少。有时候想,如果自己有三头六臂就好了。不管怎么说,对于每一个家庭来说,一个孩子就是百分之百的希望,我们不能怠慢。同时也希望能越来越多地得到像你这样的家长的配合与支持。

常联系。祝顺!

班主任:叶老师
2009年9月22日晚

感谢有您!
——小孙同学家长的来信

尊敬的叶老师:

晚上好!今天是2014年的第一天。2013年已经过去了,回顾自您接手401班的时候,已经是两年前的事情了。说真的,当时您接手的时候,我一直挺担心孩子的。她以前一直是一个很内向,不好动,而且和同学不合拍的女孩子,加上身体又特别柔弱。好不容易到了四年级,跟同学之间渐渐熟悉起来,以及原班主任对她的熟知度,知道怎样跟她相处沟通。但突然间换了一位班主任,我心里特别害怕。记得当时我也写了一封信给您,将她的情况作了一些描述,让您尽快了解孩子。不过,今天的这封信主要是想表达对叶老师的感谢和感激之情。

在五年级的时候,孩子第一次通过叶老师公开竞选的形式当上了副班长,想必这期间,您花了不少工夫在孩子身上,让一个不太敢和陌生人大声说话的小女生勇敢地站在竞选台上,并且能够当选。自那以后，女儿的性格变了，变得开朗起来，愿意和我们大人敞开心扉，和我们聊学校发生的事情，最重要的是变得自信了。但当选不到半年时间，缘于她管理同学的方式，小伙伴们并不容易接受。您知道情况后又与她沟通，让她学习如何与同学相处，学习哪种方式才能更好地被同学接受等等。

  2013年对于我们一家来说，是个特别忙，又是多灾多难的一年。我和她爸爸自顾不暇，经常导致孩子放学都由不同的人来接送。我有时也会把我们目前的一些困境跟孩子分享。记得有一段时间，孩子沉迷于电脑，后来我把这个情况告诉了您，不知不觉一段时间过去了，孩子却不怎么去玩电脑了，而且，今年孩子特别能合理安排自己的学习时间。我也经常能在优秀家庭作业里看到孩子的名字了。孩子现在很懂事，性格也发生了很大的变化，开朗大方，对自己的时间支配也很合理，同学之间的关系也处理得挺好的。最大的感触是她特别能理解、照顾父母，同时也证实了我当时的担心完全是多余的。

  这两年，叶老师您辛苦了，孩子即将步入初中阶段，最想对您说的一句话是："感谢有您！"有了您，我的孩子才能成长得这么优秀。您是一位出色的教师。借此元旦之际，衷心地祝愿您及家人元旦快乐，合家平安，一切顺利！

小孙妈妈
2014年1月1日晚

信任是最美的回答
——给小孙同学家长的回信

小孙妈妈:

你好!晚上刚下班回到家里,看了你的来信,我觉得还是要抽出时间跟你交流一下。下午我来到教室,小孙就跑到我跟前把你写的信递给我。她满脸笑容地对我说:"叶老师,这是我妈妈的留言,写成一封信了。"旁边的孩子们听到了都露出一份惊诧。小黄同学满脸羡慕的样子,说:"哇!你妈妈写得这么认真啊!"这就是孩子。

看完来信,我真心能体会到什么才是父母的用心良苦,什么才是"可怜天下父母心"。你对孩子的那份期待溢于言表,让我敬佩。我有时候在想:如果班级里的孩子的父母都能对自己的孩子更多一份关注,更多一份期待,更多一份付出,那我们的教育就更有希望了。至少作为班主任就会轻松许多了。

其实你不必言谢,我所做的一切只是分内之事,职责所在,我相信所有老师都会这么做的。孩子随着年龄的增长和心智的成熟,

有故事的班主任更幸福

只要我们引导得当，给她恰当的时间和空间，提供适合孩子成长的平台，那么她一定会朝着健康的方向发展。在这期间会有各种变数，我们要用一颗敏锐的心去发现，去帮扶她，用宽容、赏识的态度去面对即可。就像你以前担心小孙这样那样的问题，可以理解但同时也要允许孩子存在问题，因为没有哪个孩子是十全十美的，我们要做的是缩小差异，让孩子的成长更加健康、日趋完美。

在我的抽屉里一直存放着你两年多以前给我写的那封信，印象很深，记得后边你和她爸爸还一起签了名。非常正式之余，我当时更多的是感觉到你们的那份忧虑和对小孙的学习生活的重视，当然也有对我这个新班主任的担心。毕竟没有哪个孩子家长会愿意中途更换班主任的，更何况原来的班主任老师也为孩子们付出了很多，和孩子们建立了深厚的感情。其实有很多家长都反映了这个问题，作为一个新班主任必须用最短的时间了解每一个孩子的特点，用最短的时间让家长们放心。你们当时的那封信对我帮助还真不小，在信中你把孩子的性格、身体状况、各学科学习情况，包括兴趣爱好、饮食习惯等等作了详细的说明，也让我更加全面地了解了孩子的情况。

小孙是一个非常聪明的女孩儿，柔弱的外表下似乎也隐藏着一颗好强之心，这份好强更多的是对学习的兴趣、专注和进取，是对校园生活和读书生活的热爱。对于这个年龄段的孩子来说具有这些品质我认为是非常难能可贵的，也希望她能一直保持下去。

这两年多来对孩子们的教育，我更多的是根据自己对教育的理解，针对不同孩子的特性而采取一些相应的方法。我认为对于小学生来说学习成绩的好坏绝对不是首要的,而身体健康,有良好的学习习惯,乐观积极的心态才是最重要的,毕竟孩子长大要踏入社会、要与人交往,要独立生存,因此培养他们适应社会的能力应从小开始才是最关键的。所以你在信中说的小孙的性格问题的确是需要引起重视,但你也不必非常担心,因为孩子的可塑性都很强,措施得当,完全没有问题。两年多来,令人欣慰的是她现在慢慢能敞开心扉,战胜胆怯,在老师面前不怕羞,在课堂上也是主角之一,发言非常积极,丝毫看不出她是一个内向的孩子。

我记得她写的一篇作文《向胆怯说拜拜》也是表达了孩子真实的内心世界,还发表在《东南商报》上。至于当副班长的事情,我有我的考虑,当时只是让她大胆地尝试走出这一步,没有非得要她管理班级。但她得到了同学们的认可,获得了成功,这件事儿对她而言是一个转折点,虽然一段时间后管理方法上出现了问题,但恰恰也是出现的问题成了她的一面镜子,让她懂得如何去面对同学的错误,宽容同学的缺点,学会与同学沟通。这次教育契机对她来说也是非常重要的转折点。孩子的成长就是在这样不断的"轮回"当中学会调整自己,培养积极健康的心态,包括家庭教育的过程也是如此,我们对孩子成长过程中的"关键事件"的把握是非常要紧的。

其实对于小孙来说我更关注的是她的身体。她很爱看书,做事很专注、细致,但不爱运动。我也采取了很多方法,变化是有,起起落落,效果还不是太明显。毕竟中学以后体育考试的加分也是很重要的,我想除了在饮食方面注意以外,更多的是要多引导她,让她认识到锻炼身体的重要性,包括经常同体育老师联系,他们对孩子身体素质的判断更加专业一些。因为你们都很忙,我的建议是:是不是能利用周末或假期,多抽出一点时间与孩子一起锻炼,采取一些她喜欢的方式参与到体育锻炼当中来。这并不是说经过一段时间锻炼就会有什么效果,我是想通过这些方式让她有运动的兴趣,有运动的意识,让这种意识渗透到她的整个生活当中来,至少能喜欢动一动,与同学多玩一玩。这当然需要时日。在学校里我们也会教育督促她的。

对于语文学习,我想她还是比较稳定的,她的基础比较扎实,我们更多的是引导她多读多写。她看的书也比较多,但写还是偏少了一点,因为这个学期我没有硬性规定学生写日记,所以这也是一个需要改进的问题。作文方面她现在变化较大的是能对观察的细节进行比较细致的刻画,能比较全面而深入地观察记录生活,并融入自身的独特感受。上个礼拜她生病了,然后就写了一篇你们在医院照顾她的文章,情真意切。我读给班里孩子们听,让他们也能感受到父母之爱,非常不错。至少她现在不惧怕作文了,也有了信心,我想也是成功了一半。

孩子的问题永远也谈不完的,我想有了你们的关注,小孙在各个方面一定会有更大的进步的。有什么问题我们及时沟通。谢谢你们对我的信任和支持。

值此新年来临之际,我也祝你们:新年快乐!生意兴隆!

班主任:叶老师

2014年1月2日晚

让梦想从这里出发
——写给2014届601班的孩子们

亲爱的同学们：

　　再过几天你们就要结束小学生活了,话说"天下没有不散的筵席"。可真正到了说离别的时刻,心中难免会多一分留恋和感伤。在即将分别的时刻,不知为何,我的心里满是牵挂和不舍,也许我们已经在彼此的心中种下了友谊的种子。

　　你们是我教的第四届学生,记得刚接班的时候,大家似乎都还稚气未脱,充满童趣,我还清楚地记得你们当年的模样,有的同学的照片我还一直存放着。不知不觉就这样一晃三年过去了,让人不免感慨时光易逝,岁月如梭,正像《匆匆》里写的那样:"去的尽管去了,来的尽管来着;去来的中间,又怎样地匆匆呢?"为了让我们的人生不留遗憾,也真心希望你们能珍惜美好的学生时代,不让时光轻逝。

　　回想这些年,一幕幕场景又在我眼前浮现。作为一个班集体,我们左手拉着右手,我们同快乐同悲伤,我们同呼吸共命运。我清晰地记得你们在自主课堂上的精彩展示，合唱比赛中出色的表演，辩论会上的唇枪舌剑，体育节上的奋力拼搏，课间操场上的嬉戏玩耍……当然，也忘不了你们那一张张淘气的笑脸，犯错时的沮丧，还有冲动时的呐喊……与你们相处的点点时光，都将化作一只只彩蝶飞临我的窗前，带给我春天般美好的回忆。

这些年来，虽然你们时常犯这样或那样的错误，有时真的让我伤透脑筋，但我一直认为这是一个人成长过程中的正常现象，我理解你们。我也经常告诉自己："班级里的同学没有好坏之分，只有性格差异。谁的童年不犯错？人也只有在一次次的错误和挫折面前逐渐长大成熟，每一次经历都将成为人生旅途中最宝贵的财富。"所以无论你们是什么样的孩子，我都不会放弃，我也不会忘记。

这些年来，每天看着你们在逐渐长大，课堂上许多同学养成了善于倾听，勤于思考，敢于表达的习惯，有的还成为了"优秀小先生"；许多同学面对困难也能充满勇气去克服，再也不任性、不依赖别人；许多同学慢慢地懂得了与人相处要友善，要宽容；许多同学也明白了与同伴产生矛盾要冷静地处理，不再那么冲动，学会了克制……这些变化也都证明了你们成长的意义。

这些年来，我也感谢全体同学带给我的快乐和思考。我很怀念和你们在一起的每一天，虽然有时候工作非常繁忙，但你们理解老师，给予了我最大的精神支持。许多同学成了我得力的助手，成了同学们心目中的好班委。你们"身体健康，心灵阳光，学习自主"，也正因为有了这份努力和执着，我们班在各项活动和比赛中始终能保持领先，也涌现了一批品学兼优的同学，我为你们感到骄傲，你

辑四　让梦想从这里出发

们也应该为有这样的班集体而倍感荣耀。

这些年来,我还要感谢你们的爸爸妈妈,是他们在这三年中给予我最大的信任,也对我的工作给予了莫大的鼓励。从每次班刊的留言中,从每次电话沟通中,我看得出父母对你们的殷切期望和对班级工作的大力支持。请你们替我转达对他们的谢意。

小学的六年时光短暂,留下了你们成长的色彩。相信美好的小学时代将成为你们人生当中最难忘的记忆。你们每一个人也将成为我教育生涯中一道亮丽的风景。

还记得我曾跟你们说:"每个人从小都要有自己的梦想。"因为有了梦想,我们才不会感到迷惘;因为有梦想,无论遇到多大的困难,无论你们身处何方,都会想办法克服,坚定不移地朝着理想前进;因为有梦想,我们的生活才会充满朝气和希望。

我们班的每个同学也都是有梦想的。有的同学梦想成为一名作家,有的同学想成为一名医生,有的想成为出色的足球运动员,有的梦想成为音乐家,有的同学就想开一家宠物店等等,多么美丽而质朴的愿望呀!梦想无关乎大小,有时候仿佛是那么遥远但又时时激励着我们不断去追求,去努力实现。我也祝愿每个同学在今后的人生中都能梦想成真。

再见了,亲爱的同学们,我会想你们的。

千言万语化作我的衷心祝福:祝愿你们带着对未来美好的憧憬,带着对老师对母校的情谊,从这里出发,越飞越高,越飞越远。

永远记着你们的老叶
2014年6月16日夜

跋：和学生一起过日子

我很喜欢看别人写的书，却从未有过自己写书的想法，也不敢去想，总觉得那是离自己非常遥远的事情。但当看到自己多年的零言碎语居然也能汇聚成书时，心中难免也会有一丝激动。就像一个天真烂漫的孩子，面对在海边沙滩上拾捡来的贝壳，竟然也能串成了一条精美的项链时，那份喜悦自然流露。

平日里我喜欢随心所欲地敲打键盘，这样会少一些刻意和功利，不为别的，只为能即时表达内心的所思所想，通过自己的文字诠释对教育的一种理解，从而能修正自己的教育行为。因此，这本小书里边的文字都是自己班主任工作中的一些经历与思考的再现。没想到，这些年若有若无的坚持，却在不经意间有了意外的收获。

我时常问自己："什么是真正的教育？教师的幸福源自哪里？"我想打个不很贴切的比方来说："教育就是过日子，教育就是一种生活状态。"我想，我们每个人居家生活过日子，追求的是一种幸福

跋:和学生一起过日子

的常态,有谁不希望家庭和睦,少一些大起大落,幸福美满呢?而要过好日子,就得努力去经营,用心去打理,心中装着家里每个人,让家庭成员能快乐、舒心地一同走过平凡的每一天,一起度过这一生,这就是过日子。

而作为教师,选择了教育这个职业,我认为也是过日子,也是一种生活。和谁过?和谁生活?自然是和我们的学生,和我们的同事,只不过环境和对象变了罢了。

当校长把一个班级交给你,当家长把他的孩子交给你,那你就和一群人相遇了。这种相遇短的一两年,长的五六年,这就是小学教师的"宿命"(是不是有点宿命论,可事实就是如此)。如果你不用一种过日子的平常心去面对,将会很痛苦。教师的工作很紧张,也很琐碎,尤其是当班主任的,三天两头都要处理层出不穷的疑难琐事,你每天都要面对各式各样的学生,他们不一定都会对你言听计从,让你好过。你焦急,你发飙,你恨铁不成钢,你每日怨天尤人,显然这不能成为教育的一种常态,更谈不上一种幸福的工作状态。

随着工作时间渐长,自己曾经也觉着单调乏味过,甚至倦怠过。后来渐渐明白,造成此状况的原因或许是自己太把教育当作一份职业,说得崇高一些,太把教育当作事业了。这样的表达或许不太准确,但的确是自己曾经在很长时间里的真实想法。

前些天在看第87届奥斯卡颁奖典礼,一部低成本黑色喜剧《鸟人》竟然斩获四项奥斯卡大奖。导演亚利桑德罗·冈萨雷斯·伊纳里图接受了记者采访,当记者问他获得大奖以后在事业上的打算时,他却很平静地说:"我没有事业,我有的是生活。我在今日就要把今日过得充分、美好，享受当下的一切。我不知道将要发生什么，但今天非常棒！"

多么耐人寻味的回答。是呀！拍电影是导演的使命，也是导演的生活，也只有把拍电影当作自己生活一部分的导演，才能拍出纯粹的好电影。我想做教师的人，是否也能从中悟出点什么呢？

我很喜欢一句广告词："人生就像一场旅行，不必在意目的地，在乎的是沿途的风景和看风景的心情。"作为一线教师，最重要的或许不是自己想成为什么，也不是一心想把学生塑造成什么样的人，因为教育只是一种可能性。重要的是你要喜欢自己目前的工作，并与自己的学生过好眼前的每一天，就像前边导演说的"在今日就要把今日过得充分、美好，享受当下的一切"。

有时候我们很想去改变一些我们很难改变的东西，那为何不首先改变自己呢？我始终相信：人的心智模式决定了你的观念与行动。既然每天都要和学生过日子，每天都要面对，那就把教育当作一种生活，何乐而不为呢？和你的学生，和你的同事把日子过好，这样你就会更加清醒地认识到自己所从事的教育工作，更加宽容地面对学生，更加从容地经营班级，更加深刻地认识教育工作的本质。

其实要想让工作变得快乐一些，很简单，那就以自己喜欢的方式努力地自发地构建自己的精神家园，让心灵充盈起来，让自己与每天的教育生活相融，去发现教育生活的真实与美好。

对于我来说，未来的教育之路还很漫长，这本小书的呈现，是自己对这些年教育生活的一次梳理和小结，就好比长途旅行中一个小小驿站，可以让你整理行装，重新出发，因此它也是一个新的

跋：和学生一起过日子

起点。同时，在抒写故事的过程中我也懂得：教育需要守望，唯有悉心守望自己的三分麦田，才能离幸福近一些，更近一些。

《有故事的班主任更幸福》最终有幸能够付梓出版，首先要感谢我的学校，在这里工作整整十年了，让我充分感受到学校先进的教育理念和浓厚的自主发展文化，同时，学校也为我提供了最优的发展空间。诚挚感谢浙江省特级教师林良富校长多年来在专业成长上给予我的鼓励和帮助，在百忙之中多次对书稿的整体结构与布局提出修改意见，并在羊年春节里为拙著亲自作序，铭记于心。

我要感谢著名德育专家、原浙江省教科院院长、浙江省实验学校研究会德高望重的老会长王炳仁教授对我的鞭策和鼓励。感谢学校领导汪阳合校长，还有我的师父高新区实验学校罗树庚校长，高新区教育教学研究室周胜敏主任等长期以来的关心和帮助。

在完善书稿的过程中，我要感谢范婧副校长，还有我的同事王鉴、邱翠丽、曾莹等老师，他们是我书稿的第一批读者，在多次修改中，他们给我提出了许多中肯的意见。特别是王玉老师在审阅我的初稿时，连错别字和标点符号都做上了记号，如此细心，不胜感激。

当然，我还要感谢我的每一位学生和家长，这么多年来，也是你们给了我无穷的创作灵感和动力，也正是你们让我感受到当一名普通教师的幸福和成就感。

谢谢！

叶立华

2015年2月20日于宁波